EXAMEN

DE

LA MÉTAPHYSIQUE DE KANT,

MÉMOIRE

LU A L'ACADÉMIE DES SCIENCES MORALES ET POLITIQUES.

Extrait de la Revue du Lyonnais,

LIVRAISON DE MARS 1842.

EXAMEN

DE

LA MÉTAPHYSIQUE

DE

KANT,

MÉMOIRE LU A L'ACADÉMIE DES SCIENCES MORALES

ET POLITIQUES,

PAR M. V. COUSIN.

LYON.

IMPRIMERIE DE L. BOITEL,

QUAI SAINT-ANTOINE, 36.

1842.

1843

EXAMEN

DE

LA MÉTAPHYSIQUE DE KANT,

MÉMOIRE

LU A L'ACADÉMIE DES SCIENCES MORALES ET POLITIQUES,

PAR M. V. COUSIN.

J'ai fait connaître à l'Académie, il y a déjà plus d'une année, les principes et le but de la grande entreprise tentée et accomplie par le philosophe de Kœnigsberg, à la fin du XVIIIe siècle. Une analyse fidèle de l'*introduction* de la Critique de la raison pure vous a initié à la méthode de Kant, vous a découvert la portée de ses desseins. Aujourd'hui, ces prolégomènes traversés, je voudrais vous transporter en quelque sorte sur le champ de bataille de la philosophie kantienne, et exposer cette partie de la Critique de la raison pure où sont débattus les trois problèmes qui intéressent l'humanité et partagent la philosophie, les problèmes de l'existence de l'ame, du monde et de Dieu. Ce qu'on demande à toute philosophie, c'est la manière dont elle aborde et résout ces problèmes. Les principes et les résultats, voilà ce qui caractérise un système et lui donne son rang dans l'histoire. Les principes, vous les connaissez ; les résultats, je vais tâcher de les mettre sous vos yeux avec l'indépendance qu'il faut savoir garder envers les plus éminents génies. La France ne peut pas être une écolière passive de l'Allemagne ; elle a beaucoup à lui emprunter sans doute, mais sous bénéfice d'inventaire. Dans ces grands débats ouverts devant le tribunal du bon sens européen, la patrie de Descartes et celle de Leibnitz ont le droit d'être également entendues.

Voici comment Kant introduit les trois problèmes de l'ame, du monde et de Dieu.

Nous ne faisons rien qu'avec nous-mêmes, avec les instruments

1

ou puissances dont la nature nous a pourvus, et toutes les questions ne peuvent être résolues que par l'application de telle ou telle de nos facultés. Quelle est donc la faculté engagée dans la solution des questions que nous venons de poser ? C'est la raison. Mais qu'est-ce que la raison, selon Kant ?

La raison pour Kant, c'est le raisonnement ; et la loi de la raison, c'est la plus haute unité possible.

Etablissons bien le rôle et la fonction de la raison dans le système de Kant.

Dans ce système, il y a trois facultés fondamentales : la sensibilité, l'entendement, la raison (*Sinnlicheit, Verstand, Vernunft*).

La sensibilité nous fournit des représentations partielles et isolées. L'entendement ramène ces représentations à une certaine unité ; mais ces unités mêmes, produits de l'entendement, ne restent pas dans notre esprit sans aucun lien qui les unisse : elles forment à leur tour un tout systématique, dernier terme auquel nous puissions nous élever, et au-delà duquel nous ne concevons plus rien. Or, cette réunion suppose une faculté supérieure à l'entendement, comme l'unité de nos diverses représentations sensibles suppose une faculté supérieure à la sensibilité : cette faculté, qui couronne pour ainsi dire la connaissance, est la raison.

L'entendement a été défini la faculté de juger ; la raison peut-être définie la faculté de raisonner. C'est elle qui, d'un principe, déduit une conséquence, et conclut de l'un à l'autre, au moyen d'un troisième terme qui montre que la conséquence est en effet renfermée dans le principe. Prenons, par exemple, cette vérité : Caïus est mortel ; cette vérité, je puis l'acquérir avec le secours de l'expérience et de l'entendement ; mais je puis y arriver aussi d'une autre manière, en rapportant l'idée individuelle de Caïus à une idée plus générale qui la renferme, à savoir celle d'homme ; puis je m'élève à cette vérité plus générale que tous les hommes sont mortels, de sorte que je puis affirmer cette vérité particulière : Caïus est mortel. Ce second procédé n'appartient plus à l'entendement, il est le propre du raisonnement.

Mais il ne suffit pas à la raison d'avoir ainsi fondé une vérité particulière sur une vérité plus générale, et d'avoir trouvé dans celle-

ci la condition de celle-là ; elle aspire à un principe qui soit la condition de tous les autres, sans que lui-même dépende d'aucune
condition supérieure, et, pour y arriver, elle remonte de généralité
en généralité, ou de condition en condition, jusqu'à ce qu'elle ait
atteint l'absolu ou l'inconditionnel. L'absolu, l'inconditionnel, voilà
le principe auquel en toutes choses, dans tous les ordres de la
connaissance, elle tend et s'arrête ; et ce principe est un concept de
la raison qui établit parmi les produits de l'entendement la plus
haute unité systématique. Ces principes ou ces concepts rationnels,
Kant leur donne un nom particulier pour les bien séparer des concepts de l'entendement ; et comme, pour distinguer ceux-ci, il a
emprunté au langage d'Aristote le mot de *catégories*, pour désigner
ceux-là il emprunte au langage de Platon le mot d'*idées*.

Mais comment parvenir à déterminer les idées qui sont le dernier
terme des démarches de la raison ? En examinant des différentes
formes de raisonnement. Autant, en remontant la série des conditions dans le raisonnement, on trouvera des principes inconditio n-
nels ou absolus, autant on devra reconnaître d'idées de la raison pure.

Supposez maintenant une longue analyse du raisonnement et de
ses formes dont la conclusion est, qu'ici, la raison aboutit à l'*idée* d'un
sujet qui n'est plus lui-même attribut, à savoir le sujet pensant, le
moi ; là, à quelque chose qui n'est plus un effet dépendant d'un effet
antérieur, mais à l'unité absolue de la série des conditions des phénomènes, c'est-à-dire au monde ; enfin à l'unité absolue des conditions de tous les objets de la pensée en général. Le moi, le monde,
Dieu, voilà, sans faire passer nos lecteurs par tous les circuits où se
complaît notre philosophe, les trois inconditionnels ou les trois absolus auxquels la raison s'élève : ce sont les trois idées de la raison
pure. « Le sujet pensant, dit Kant, est l'objet de la psychologie ;
l'ensemble de tous les phénomènes, le monde est l'objet de la cosmologie ; et ce qui contient la condition suprême de la possibilité
de tout ce qui peut être pensé, l'être de tous les êtres est l'objet
de la théologie. Ainsi la raison pure fournit les idées d'une science
de l'âme (*psychologie rationnelle*), d'une science du monde (*cosmologie rationnelle*), enfin d'une science de Dieu (*théologie rationnelle*). »

Telles sont les trois idées auxquelles la raison arrive nécessairement, puisqu'en cela elle obéit à une loi de sa nature. Mais la critique, les rapportant à leur source, au besoin de la plus haute unité, ne peut leur attribuer qu'une valeur idéale et, comme dit Kant, une vertu régulative, la vertu de présider au développement de la raison et d'être pour elle le but le plus élevé. Ainsi les trois sciences que Kant vient de montrer, il les détruit à l'instant même en ne leur laissant d'autre réalité que celle de classifications rationnelles dont les objets nous fuient éternellement. Parce que la raison atteint les trois idées de l'ame, du monde et de Dieu, elle croit connaître ces trois objets, elle n'en connaît que les idées, c'est-à-dire ses propres lois projetées en quelque sorte hors d'elles-mêmes, et, pour parler le langage de la philosophie allemande, objectivées, bien qu'elles soient purement subjectives, relatives à leur sujet, à la raison. Cette croyance qui accompagne la raison est une illusion, illusion que le devoir de la critique est de découvrir et de dissiper sans pouvoir la détruire, car la nature la ramène toujours. « Nous ne pouvons pas plus, dit Kant, éviter ces illusions que nous ne pouvons éviter que la mer nous paraisse plus élevée loin des terres que près des rivages, parce que nous la voyons alors par des rayons plus élevés, ou pas plus que l'astronome lui-même ne peut empêcher que la lune lui paraisse plus grande à son lever, quoiqu'il ne soit pas trompé par cette apparence. » Or, de même que l'optique nous avertit des illusions de la vue, quoiqu'elle ne puisse les empêcher, parce qu'elles sont naturelles, de même quand les illusions de la raison seraient inévitables, faut-il au moins que nous les reconnaissions, afin de ne pas être les jouets d'une apparence que nous ne soupçonnerions même pas.

Kant appelle *dialectique trascendentale* l'art de montrer et d'expliquer les illusions de la raison pure.

Et cette dialectique remuant les fondements sur lesquels reposaient jusqu'ici la psychologie rationnelle, la cosmologie et la théodicée, les renverse pour mettre à leur place des arguments purement moraux, établissant d'abord le scepticisme dans l'ordre de la spéculation pour rétablir ensuite le dogmatisme par la morale. Nous aurons plus tard à examiner si cette raison, que Kant appelle prati-

que, doit avoir plus de valeur aux yeux de la dialectique que la raison qu'il appelle spéculative. Nous voulons surtout exposer et discu-
ter ici les procédés de cette fameuse dialectique transcendentale qui
a fait tant de ravages dans la psychologie rationnelle, la cosmologie
et la théodicée a renversé presque sans résistance la science ancienne en Allemagne, et couvert le sol de la philosophie des ruines
d'où est sortie la philosophie de la nature, dont le dernier mot est
le système de M. Hegel.

Commençons par l'application de la dialectique transcendentale
à la psychologie rationnelle.

Voici les résultats que présentait avec confiance, avant Kant, la
psychologie rationnelle : 1º l'âme est une substance ; 2º cette
substance est simple ; 3º elle est identique et une. De là l'imma-
térialité, l'incorruptibilité, la personnalité. Ces trois choses ensemble donnent la spiritualité, et la spiritualité est le fondement de
l'immortalité.

Kant se propose d'établir que tous ces résultats ne reposent que
sur ce qu'il appelle des *paralogismes* de la raison. Nous verrons si
son scepticisme ne repose pas lui-même sur des paralogismes de la
critique.

Le principe qui, ici comme partout, est l'instrument de la critique, est celui-ci : pour arriver dans la psychologie rationnelle,
comme dans toutes les sciences dignes de ce nom, à des résultats
certains, il faut faire abstraction de toute expérience ; il faut que
l'expérience n'intervienne à aucun degré dans les jugements qui
serviront de base à tout le raisonnement ; il faut que ces jugements
soient purs de tout empirisme, et qu'ils ne renferment rien que
de transcendental. Or, Kant déclare que la conscience est empirique, et à ce titre il lui refuse le droit de fonder aucune certitude.
Cette théorie de la conscience domine, selon nous, toute la critique de la raison pure. Si elle est vraie, le système de Kant est
inattaquable ! si elle est fausse, c'en est fait de toutes les conséquences directes et indirectes qu'elle porte dans son sein. Mais,
chose admirable ! jamais Kant n'aborde franchement et ne discute à
fond cette question vitale de la nature et de l'autorité de la conscience. Il l'évite comme par instinct, n'y touche jamais que super-

ficiellement et épisodiquement, et dès qu'il y touche, c'est pour tomber de contradictions en contradictions, de telle sorte qu'il est assez difficile de saisir sa véritable pensée. Notre premier soin sera de la rechercher dans les diverses parties de la Critique de la raison pure, et de la recueillir des différents passages où elle est disséminée. Nous la rencontrons d'abord dans l'*Esthétique trascendentale*, c'est-à-dire dans le chapitre où sont exposées les conditions *à priori* de l'expérience sensible. Dans ce chapitre, Kant fait de la conscience un appendice de la sensibilité.

Quand nous disons que nous avons la conscience de nous-mêmes, cela signifie seulement, selon Kant, que nous pouvons saisir ce qui se passe dans notre esprit, tout ce qui constitue notre état intérieur ; mais cela même qui est l'unique objet de notre intuition interne nous ne pouvons l'apercevoir qu'autant que nous en sommes affectés (*affieirt*) d'une certaine manière : c'est à cette seule condition que l'aperception de nous-mêmes est possible. Il n'y a donc rien de spontané dans cette aperception ou dans son intuition. Comme le sens externe, la conscience est une faculté toute passive, c'est une simple réceptivité. Voilà pourquoi Kant le regarde comme faisant partie de la sensibilité, et cette opinion justifie le nom de sens interne (*Der innere sinn*), par lequel il la désigne le plus souvent.

Voici le passage qui renferme cette étrange théorie : « Tout ce qui peut être représenté par le moyen d'un sens est toujours à ce titre phénomène : d'après cela, ou bien le sens interne ne peut être admis, ou bien l'esprit, qui est l'objet de ce sens, doit être représenté par lui comme phénomène et non pas tel qu'il se jugerait lui-même, si son intuition était spontanée, c'est-à-dire si elle était intellectuelle... La conscience de soi-même (aperception) est la représentation simple du moi ; et si tout ce qu'il y a de divers dans le sujet nous était donné spontanément dans cette représentation, alors l'intuition interne serait intellectuelle. Mais cette conscience suppose l'aperception interne de la diversité, laquelle se montre d'abord dans le sujet, et la manière dont elle est donnée dans l'esprit, sans spontanéité, doit, précisément à cause de cette absence de spontanéité, s'appeler sensibilité. Pour que le pouvoir d'avoir conscience de soi-même saisisse ce qui est dans l'esprit, il faut qu'il en soit affecté ; c'est à cette seule condition que nous pouvons avoir une intuition de nous-mêmes, intuition dont la forme, existant originairement dans l'esprit, détermine par la représentation du temps la manière dont la diversité se produit dans l'esprit ; car celui-ci s'aperçoit lui-même, non pas comme s'il se représentait immédiatement et spontanément, mais d'après le mode suivant lequel il est intérieurement affecté, et par conséquent tel qu'il apparaît à lui-même et non tel qu'il est. »

Ce passage, embarrassé et assez superficiel malgré un certain air de profondeur, n'était pas dans la première édition de la Critique de la raison pure, celle de 1781, et se trouve seulement dans la seconde édition de 1787 ; il contient les seules preuves, qu'à la réflexion, Kant essaya d'apporter de cette étrange prétention, qui aurait effrayé Locke lui-même, et qui semble avoir été empruntée par Kant au *Traité des Sensations*, au système de la sensation transformée, à savoir que la conscience n'est qu'un mode de la sensibilité. La négligence inconcevable avec laquelle cette prétention est avancée et comme cachée dans un coin de l'esthétique transcendentale, l'a jusqu'ici dérobée à l'attention, tandis qu'elle mériterait un examen approfondi ; car elle contient des conséquences énormes ; elle est la racine inaperçue de tout le système de Kant. Regardez-y de près, vous ne trouverez dans le passage que je viens de citer que deux arguments : 1° la conscience suppose une certaine affection, et toute affection se rapporte à la sensibilité. Mais, de ce que la conscience est accompagnée d'une affection, s'ensuit-il qu'elle ne soit qu'une affection ? Les jugements du vrai, du bien, du beau, sont presque toujours accompagnés de certains sentiments ou affections qui les enveloppent et les simulent. Cela n'a pas empêché Kant de les considérer en eux-mêmes, et de les rapporter à la raison et non pas à la sensibilité. Il en est de même de la conscience : c'est une aperception intellectuelle en elle-même, quoiqu'elle soit mêlée d'une affection plus ou moins vive ; elle a son autorité propre, sa certitude inébranlable, la première de toutes les certitudes en date et en importance ; 2° la conscience n'est pas spontanée ; donc elle n'est pas intellectuelle. Si, par spontanéité, Kant entendait la volonté, nous

admettrions que la conscience est involontaire ; mais l'entendement l'est également. L'entendement ne juge pas, à l'aide de telle ou telle catégorie, parce qu'il le veut, mais parce qu'il est ainsi fait. Nos jugements ne sont pas volontaires. Kant en conclut-il qu'ils ne sont pas intellectuels et qu'ils se rapportent à la sensibilité ? Reste donc que par spontanéité il entend une activité qui, sans être volontaire, eût son principe en elle-même ; or, la conscience a cette spontanéité, comme l'entendement, comme la raison. Elle est déjà l'entendement et la raison dans leur manifestation primitive ; elle se rapporte, non à la sensation qui est aveugle, mais à la faculté de connaître ; car elle renferme une connaissance, la connaissance d'un être, de nous-mêmes, c'est-à-dire de ce qui a conscience. Voilà ce que Descartes avait établi invinciblement. D'un trait de plume, sans aucune discussion, Kant a ôté le ferme fondement de la philosophie moderne, le rempart élevé par Descartes contre le scepticisme. Il est ici le disciple et l'émule de Condillac ; et ce n'est pas merveille qu'après avoir réduit la conscience à la sensibilité, il n'ait pu s'arrêter sur la pente irrésistible qui entraîne tout sensualisme au scepticisme.

Nous venons de voir dans l'esthétique transcendantale Kant rapporter la conscience à la sensibilité. Nous allons le voir maintenant dans la logique transcendantale, c'est-à-dire dans l'étude des éléments à priori de l'entendement, faire de la conscience une des facultés secondaires qui composent le cortége de l'entendement.

L'entendement est un pouvoir actif, une véritable faculté qui s'ajoute aux intuitions sensibles pour en former une unité et produire ainsi la connaissance, mais cette unité, nous ne pourrions l'obtenir, si nous n'avions pas la faculté de rassembler les diverses parties qui doivent former le tout. Cette faculté, c'est l'imagination. Mais ce rapprochement ne se fait pas d'un seul coup ; pour rapprocher toutes les parties, il faut que je les parcoure l'une après l'autre, il faut que mon imagination, chaque fois qu'elle passe à une partie nouvelle, reproduise toutes les parties précédentes ; sinon, celles-ci seraient perdues pour moi et la réunion serait impossible. Enfin il ne suffit pas que l'imagination reproduise les diverses parties, pour que cette reproduction soit efficace, il faut que nous soyons convaincus intérieurement que ce que reproduit l'imagination est le même que ce qu'elle avait produit d'abord, et cette conviction, c'est la conscience qui nous la donne. Il y a donc, en résumé, trois facultés, l'imagination, la réminiscence et la conscience, au moyen desquelles l'entendement pense les objets que lui livre la sensibilité.

La contradiction est tellement frappante, qu'il est surprenant qu'aucun critique ne l'ait signalée, et que Kant lui-même ne l'ait point aperçue. Dans l'esthétique transcendentale, la conscience est donnée comme une modification de la sensibilité, et ici elle est donnée comme une des trois facultés qui sont au service de l'entendement. D'abord Kant l'avait jugée incapable de spontanéité et entièrement passive ; maintenant il la déclare douée de l'activité spontanée qui caractérise l'entendement. Ses deux assertions sont absolument contradictoires. Nous avons dit que le passage de l'esthétique transcendentale qui fait de la conscience une modification de la sensibilité a été ajouté dans la seconde édition. Celui de la logique transcendentale a subi aussi de grands changements d'une édition à l'autre ; mais, dans l'une comme dans l'autre édition, Kant rapporte toujours la conscience à l'entendement. C'est toujours la conscience qui produit cette conviction, que ce qui est maintenant rappelé par la réminiscence est le même que ce qui était d'abord dans l'esprit, c'est-à-dire que Kant rapporte à la conscience cette synthèse primitive dans laquelle nous est donnée toute proposition, tout jugement. Il y a, dans la seconde édition, un paragraphe intitulé : *De l'Unité primitivement synthétique de l'aperception*, dont voici la première phrase : « Le *je pense* doit pouvoir accompagner toutes mes représentations, car autrement quelque chose serait représenté en moi sans pouvoir être pensé, c'est-à-dire que la représentation serait impossible, ou du moins qu'elle serait pour moi comme si elle n'était pas ; » et tout le reste de ce paragraphe (§ xvi de la seconde édition) est consacré à développer cette vérité psychologique, que la diversité des représentations ou intuitions serait non avenue, si à cette diversité, qui est l'intuition visible proprement dite, ne s'ajoutait quelque chose qui donne de l'unité aux intuitions diverses fournies par la sensibilité. L'aperception de la diversité, Kant l'appelle *aperception empirique*, et l'unité qui s'ajoute nécessairement à la diversité pour en faire un objet de l'entendement, cette unité, Kant la rapporte à ce qu'il appelle *aperception pure*, pour la distinguer de l'aperception empirique, ou bien encore *aperception primitive*, « parce qu'elle est cette conscience de soi-même qui produit le *je pense*, accompagne tous les faits de pensée, et ne peut être précédée par aucun d'eux, » ou bien encore *unité transcendentale de la conscience*, pour marquer qu'elle est le fondement de la possibilité de la connaissance *a priori*. Cette théorie, d'une vérité parfaite, subsiste parmi les détours et les obscurités de tout ce paragraphe et du paragraphe suivant, ainsi intitulé : *le Principe de l'unité synthétique de l'aperception est le principe suprême de tout usage de l'entendement.*

Citons encore un certain nombre de phrases essentielles. — § XVII de la second édition : L'unité synthétique de l'aperception est le point le plus élevé auquel on doit rattacher tout usage de l'entendement, toute la logique, et, d'après elle, la philosophie transcendentale. Il y a plus ; cette faculté est l'entendement lui-même. »

« Toute réunion des représentations exige l'unité de la conscience. L'unité de la conscience est donc la seule chose qui constitue le rapport des représentations à un objet, et par conséquent leur valeur objective, ce qui fait que ces représentations deviennent des connaissances. »

« La première connaissance pure de l'entendement, celle sur laquelle repose tout l'usage qu'on peut en faire ultérieurement, celle aussi qui est entièrement indépendante de toutes les conditions de l'intuition sensible, est le principe de l'unité primitive et synthétique de l'aperception. »

« Toutes mes représentations, dans une intuition donnée quelconque, sont soumises à cette condition, que je puisse les rapporter comme miennes à un même moi identique. »

Après s'être ainsi expliqué, n'est-il pas étonnant que, dans le paragraphe XVIII de la même édition, Kant appelle l'unité de la conscience unité empirique, et cela parce qu'elle lie des représentations ou intuitions? « Elle n'est donc, dit-il, qu'un phénomène elle-même, et elle est entièrement accidentelle. » Ici nous nous servirons de

Kant contre Kant lui-même. Ce qu'il y a d'accidentel, ce sont les intuitions, les représentations, les données de la sensibilité ; mais l'unité que la conscience y ajoute n'a point le même caractère. Les données de la sensibilité sont empiriques, l'unité de la conscience ne l'est point : la diversité est un phénomène que la conscience aperçoit ; mais s'ensuit-il que le moi identique, dont Kant vient de nous parler, ce moi dont l'identité et l'unité sont la face même de la conscience, s'ensuit-il, dis-je, que ce moi identique soit un pur phénomène, parce qu'il nous est donné dans la même aperception que des phénomènes ? Si, par cela seul que dans l'aperception de conscience interviennent des éléments empiriques, des phénomènes, l'aperception totale est qualifiée d'empirique et de phénoménale, il est à jamais impossible que nous connaissions autre chose que des phénomènes, c'est-à-dire la diversité, puisque le moi identique ne peut être connu que dans une aperception, et que cette aperception, si pure qu'elle puisse être, doit nécessairement contenir quelque élément de diversité. Alors tout est nécessairement empirique ; par exemple, l'intuition pure du temps, ou celle de l'espace, que Kant appelle des intuitions *a priori*, deviendraient des intuitions empiriques, parce qu'elles sont liées à des éléments sensibles et empiriques. Cette nouvelle théorie est la destruction de la théorie générale de la conscience, qui distingue dans toute connaissance complète et achevée des éléments empiriques et des éléments *a priori*.

Enfin Kant dit ailleurs (*Logique transcendentale*, au chapitre de la distinction des phénomènes et des noumènes) : « Nous ne nous connaissons nous-mêmes que par le sens intime, et par conséquent comme phénomènes. »

Puis il se contredit encore sur ce point comme sur les précédents, et on sent combien sa pensée est mal assurée par le grand nombre de passages où il revient sans cesse sur cette idée sans parvenir à l'éclaircir. Dans une addition à la nouvelle édition qui forme le paragraphe xxv, après avoir dit : « Nous ne connaissons notre propre sujet que comme phénomène, et non quant à ce qu'il est en lui-même, » il s'exprime de la manière suivante : « Au contraire, j'ai la conscience de moi-même dans la synthèse transcendentale de la diversité des représentations en général, par conséquent dans l'unité synthétique primitive de l'aperception, non pas comme je m'apparais ni comme je suis en moi-même ; j'ai seulement conscience que je suis. » Mais que signifie cela ? Nous avons seulement conscience que nous sommes, soit ; mais à quel titre ? À titre d'êtres ou de phénomènes ? C'est sur quoi il faut se prononcer. Cette distinction subtile est pourtant une concession au sens commun et à l'opinion de la réalité de notre existence. Voici une déclaration tout autrement décisive, même paragraphe : « Mon existence propre n'est pas un phénomène, encore bien moins une simple apparence » so ist *twar mein eigenes Daseyn nicht Erscheiming, vielweniger blosser Schern.* Rien de plus clair et de plus formel ; et pourtant, quelques lignes après, revient la prétention que nous ne sommes que des phénomènes, parce que la conscience est purement empirique. C'est là le résultat systématique auquel Kant s'arrête, et ce résultat est devenu le fondement de toute la philosophie allemande. C'est par ces assertions, sans aucune démonstration, jetées au milieu d'une théorie entièrement opposée, que l'auteur de la Critique de la raison pure, en contredisant ses propres principes, est revenu par un détour à Locke et à Hume, a frayé la route au scepticisme et égaré ses successeurs. Si la conscience est empirique parce qu'elle contient en effet une partie empirique, la psychologie doit être considérée comme une étude qui ne peut donner que des connaissances empiriques, ce qui est faux en soi-même et ce qui contraint, ou de se résigner à l'empirisme ou au scepticisme, ou pour en sortir, pour obtenir autre chose que des phénomènes, d'avoir recours à des hypothèses, à des constructions, à des méthodes indignes de ce nom et condamnées d'avance par l'introduction même de la Critique de la raison pure. Si le moi identique et un n'est qu'un phénomène, quel est le fond, la substance de ce phénomène ? A-t-il même un fond, une substance ? Si on convient que ce phénomène n'a pas de substance, on est parfaitement conséquent, il est vrai ; mais on est conséquent jusqu'à l'absurdité, jusqu'au scepticisme le plus absolu. Si on admet qu'il en a une, comment le sait-on ? Par quel procédé y parvient-on en dehors de la conscience ? Si ce procédé, quel qu'il soit, tombe sous la conscience, le voilà empirique et incapable de donner rien d'absolu ; s'il ne tombe pas sous la conscience, elle n'en sait rien ; et qu'en savons-nous alors, et de quel droit en parlons-nous ? Et puis cette substance à laquelle on arrive d'une si merveilleuse manière, et à travers mille paralogismes, cette substance, quelle est-elle ? Nécessairement une substance qui, étant étrangère à toute aperception de conscience afin de n'être pas un phénomène, est un être indéterminé, l'être pur qui peut servir à la fois, dans l'immensité et dans le vide de son indétermination, à toute espèce de phénomène, à l'eau qui coule, au vent qui souffle, à l'insecte qui bourdonne, et à Kant qui réfléchit. Sans doute, dans un sens sublime et vrai, nous ne sommes que des phénomènes, comparés à l'être éternel et absolu, puisque nous ne sommes que des êtres relatifs, dépendants, limités, finis, qui n'ont point en eux-mêmes le principe de leur existence, tout comme la force causatrice dont nous sommes doués suppose elle-même une cause première de laquelle tout est parti, nous comme tout le reste. Mais parce que nous ne sommes pas la cause première, nous n'en sommes pas moins des causes réelles ; de même pour n'être point la substance éternelle, nous n'en avons pas moins notre part de substantialité. Le moi un et identique est pour nous le sujet permanent de toute connaissance comme de toute intuition ; ce sujet est le fond même de la conscience. Sans l'expérience, il n'y aurait point de sensations, d'intuitions, de représentations, par conséquent pas de conscience ; et, par conséquent encore, le sujet même de la conscience ne nous serait jamais connu. Mais de ce que sans expérience nulle connaissance ne serait possible, s'ensuit-il que toute connaissance soit exclusivement expérimentale ? J'en appelle à Kant lui-même, dans l'admirable introduction de la critique de la raison pure. Parce qu'il y a toujours quelque chose de phénoménal dans la conscience, n'y a-t-il dans la conscience que des phénomènes, et l'unité sur laquelle elle repose n'est-elle pas l'unité d'un être réel qui s'affirme lui-même à titre d'être quand il dit : *Je, moi !* Plus tard cet être, apercevant ses limites, s'élèvera jusqu'à une existence supérieure à la sienne ; mais d'abord il se connait comme existant, et se distingue parfaitement de la diversité phénoménale qu'il aperçoit en même temps qu'il s'aperçoit lui-même. Loin que le moi soit un phénomène, il ne se connaît comme moi qu'en se distinguant comme être identique et un des phénomènes divers et mobiles avec lesquels il est en rapport. Ignorer cela et prétendre sans aucune preuve que l'unité de conscience est empirique, et que le moi, parce qu'il est attesté par la conscience, n'est qu'un phénomène, au sens strict de ce mot, c'est, par une psychologie superficielle, égarer la philosophie dans une voie au bout de laquelle, je le répète, est le scepticisme absolu, si on veut être conséquent, ou les chimères et les hypothèses.

Lorsqu'armé de cette exacte psychologie, on arrive, après avoir traversé l'esthétique et la logique transcendentale, devant cette redoutable dialectique qui menace de renverser toute la science de l'ame, on peut la regarder en face sans avoir peur, car il est aisé d'en pénétrer le côté faible. Toute la force apparente de cette dialectique consiste à poser le problème d'une psychologie rationnelle légitime avec des conditions telles qu'on triomphe ensuite aisément de le démontrer insoluble. Kant cherche une proposition, un jugement, un principe qui, pour servir de fondement à la science rationnelle de l'ame, ne soit pas empirique et par conséquent n'appartienne pas à la conscience.

Quel est ce principe ? C'est le principe cartésien, *je pense*, qui implique *j'existe*. Kant se donne beaucoup de peine pour établir que le *je pense* est une proposition qui n'a rien d'empirique, qui ne dépend pas plus de l'expérience interne que de l'expérience externe, et n'appartient point à la conscience. Rien de plus embarrassé que toute cette discussion dont les trois quarts au moins ont été ajoutés dans l'édition de 1787.

Le principe auquel Kant en appelle sans cesse, c'est que la psychologie pure ou rationnelle doit reposer sur des concepts transcendentaux qui n'admettent absolument aucun élément empirique. « Si le moindre empirisme, dit Kant, si une perception particulière quelconque de mon état interne, se mêlait à la connaissance fondamentale de cette science, la psychologie ne serait plus une science rationnelle, mais une science empirique de l'ame. Il s'agit donc ici d'une science qui soit édifiée sur cette seule proposition : je pense... »

Et ailleurs : « Le moindre objet de la perception interne, ne serait-ce que le plaisir et la peine, changerait aussitôt la psychologie rationnelle en une psychologie empirique. Le *je pense* est donc le texte unique de la psychologie rationnelle, d'où elle doit dériver toute sa doctrine. » Ailleurs encore : « S'il y avait pour fondement à notre connaissance rationnelle des êtres pensants, en général, autre chose encore que le *cogito* ; si nous recourions aux observations sur le jeu de nos pensées pour en tirer les lois naturelles du principe pensant lui-même, il en résulterait une psychologie empirique qui serait une espèce de physiologie du sens intime, et qui pourrait peut-être servir à en expliquer les phénomènes, mais jamais à découvrir des propriétés qui ne peuvent être du domaine de l'expérience, telle que la simplicité, ni à enseigner ce qui concerne la nature de l'être pensant en général ; ce ne serait donc pas une psychologie rationnelle. »

Reste à prouver que le *cogito* est un jugement pur de tout empirisme, de toute aperception de conscience. Mais c'est ce que Kant ne fait nullement : il affirme bien que le *je pense* doit avoir ce caractère pour servir de principe à tout le raisonnement transcendental et à la science rationnelle de l'être pensant en général ; mais il n'établit qu'une supposition, la supposition d'un *je pense* pur de toute conscience, d'un *je pense* abstrait, qui donne un *j'existe* également abstrait, c'est-à-dire un moi, comme Kant le reconnaît lui-même, vide de tout contenu. « Par ce moi, dit-il, c'est-à-dire par la chose qui pense, rien n'est représenté qu'un sujet transcendental de la pensée — x. »

Voilà donc le fondement de la psychologie rationnelle tel qu'il le faut à Kant ; ce fondement est une abstraction, et le moi auquel cette abstraction conduit est un x ! Mais cet x ne peut arriver à la connaissance, Kant lui-même en convient, « que par les pensées qui en sont les attributs ; » il faut donc alors en revenir à l'aperception interne de la conscience ; de sorte que nous roulons dans ce cercle, ou partir de la conscience de pensées qui, tombant dans l'expérience, ne peuvent autoriser une science rationnelle, ou partir du concept transcendental *je pense* qui donne un sujet transcendental—x, que nous ne pouvons plus ensuite dégager, sinon au moyen de cette même conscience, de cette même expérience intérieure qui nous condamne à n'atteindre rien de transcendental. Si je consens à n'avoir aucune connaissance de cet x, si je n'en veux rien affirmer, à la bonne heure ; mais si j'en veux savoir quelque chose, je ne le puis que par la conscience ; car, Kant le reconnaît expressément, « je ne puis avoir la moindre représentation d'un être pensant que par la conscience. » Et pourtant, d'après la théorie générale, il répugne que la conscience apprenne rien sur la nature des êtres pensants comme des autres êtres : « Tous les modes de la conscience de soi dans la pensée, considérés en eux-mêmes, ne sont pas encore des concepts intellectuels d'objet, et ne donnent à connaître aucun objet à celui qui pense, et par conséquent pas plus moi-même comme objet que tout autre. » La conclusion de Kant est donc : 1º que le moi résultant du *je pense* n'est qu'un sujet logique, et non pas une substance réelle ; 2e encore bien moins une substance simple, mais seulement un sujet logiquement simple. Il en est de même de l'identité du moi ; c'est une identité logique, « et non pas l'identité de la personne au moyen de laquelle la conscience de l'identité de sa propre substance, comme être pensant, serait entendue dans tout changement d'état... etc... »

« Ce serait, dit Kant, une grande et même la seule pierre d'achoppement contre toute notre Critique, s'il était possible de démontrer *a priori* que tous les êtres pensants sont des substances simples qui, comme telles, emportent avec elles nécessairement la personnalité, et ont conscience de leur existence séparée de toute matière ; car ainsi nous aurions fait un pas en dehors du monde sensible, nous serions entrés dans le champ des noumènes, et personne ne nous contesterait plus le droit de défricher ce fonds, d'en prendre possession et d'y bâtir. Cela porterait un coup mortel à toute notre Critique, et donnerait raison à l'ancienne méthode ; mais, en regardant la chose de plus près, on aperçoit que le péril n'est pas si grand. »

Remarquons en passant qu'ici l'ancienne méthode est la méthode cartésienne, transmise de Descartes à Leibnitz, de Leibnitz à Wolff et à l'Europe tout entière, méthode qui sur le *cogito* établit l'existence réelle de l'âme, son identité, sa simplicité, sa spiritualité. Le péril dont parle Kant serait donc de revenir à la certitude de l'exis-

tence personnelle et spirituelle, et c'est le péril que Kant veut éviter ; mais il a été plus heureux que sage ; car ses raisonnements
contre ce qu'il appelle les sophismes de l'ancienne méthode, ne sont
eux-mêmes que des sophismes, qui reposent, comme je l'ai déjà dit,
sur l'artifice d'un problème présenté à dessein avec de données contradictoires et insolubles. Renversons cet échafaudage dans son
principe, dans la prétention de donner à la psychologie rationnelle
un fondement pur de toute expérience.

Entendons-nous bien ici encore une fois. La raison tire son autorité d'elle-même ; toute certitude vient d'elle, et d'elle seule ; elle est
le seul fondement des vraies sciences, de la psychologie rationnelle
comme de la haute physique, de la mécanique, de la logique, des
mathématiques. Mais la raison, bien qu'essentiellement indépendante
de l'expérience, est, dans l'état présent des choses, soumise à cette
condition de ne paraître qu'à l'occasion de quelque expérience, soit
externe, soit interne. Si dans l'expérience externe et sensible ne
nous avaient pas été donnés des phénomènes de grandeur et de
quantité, des triangles et des cercles imparfaits, jamais la raison
n'aurait conçu les figures parfaites, les définitions d'où sont sorties
les mathématiques. Ces définitions sont-elles empiriques parce que
la raison les conçoit à l'occasion de l'expérience ? Si les actions et
les réactions naturelles des corps n'avaient frappé nos sens, jamais
la raison ne se serait élevée aux principes de la mécanique. Si des
pensées particulières n'étaient pas tombées sous l'œil de la conscience, jamais nous n'aurions découvert les lois générales de la pensée ; ces lois sont-elles empiriques parce qu'elles se manifestent dans
l'expérience intérieure ? Il ne faut pas confondre ces deux notions,
être distinct et être séparé de l'expérience. La raison est distincte
en soi de l'expérience, elle n'en est point séparée. Pour reconnaître
son autorité, attendez-vous ou prétendez-vous qu'elle paraisse seule ?
Vous attendez et vous prétendez l'impossible, et vous n'obtiendrez
qu'une abstraction, c'est-à-dire la chose la plus facile et en même
temps la plus vaine. Dans la vie réelle de l'ame, tout nous est donné
avec tout : les sens, la conscience, la raison se développent simulta-
nément et réciproquement. Distinguons, ne séparons pas. Séparez-
vous la raison des sens ? la raison demeure muette. Les sens tout

seuls ne vous montreront que des phénomènes isolés et confus, sans
ordre et sans lois ; la raison seule ne vous dira rien : elle ne peut
vous apprendre les lois des phénomènes qu'appliquées et mêlées à
ces phénomènes. Pareillement, supprimez-vous la conscience comme
empirique, retranchez-vous toute pensée déterminée et particulière ?
la raison ne vous enseignera point les lois universelles et nécessaires de la pensée. Retranchez-vous tout phénomène? la raison ne
vous révélera aucun être; car il n'y a pas plus d'être sans phénomènes
que de phénomènes sans être, comme il n'y a pas plus de lois générales sans choses particulières et individuelles que de choses individuelles et particulières sans lois générales qui rattachent les indivi-
dus à un genre quelconque ; comme il n'y a pas plus d'ordre et de
législation du monde sans un monde à régler et à gouverner, qu'un
monde sans règle et sans ordre ; comme il n'y a pas plus de gouvernement sans société que de société sans gouvernement. Dans le
monde intérieur de l'ame, le gouvernement de la raison intervient
au milieu de la diversité et de la multiplicité des phénomènes de la
conscience. Donc, poser ainsi le problème : trouver un principe
rationnel élémentaire non seulement distinct, mais séparé de toute
expérience, de toute pensée déterminée, de la conscience, c'est poser un problème chimérique à la fois et insoluble, c'est demander
une abstraction pour en tirer, à force d'artifice, quoi ? une abstraction, qu'ensuite on tourmente en vain pour en tirer la réalité, et
qu'on relègue bientôt parmi les chimères. Mais on n'a pas fait ainsi
le procès à l'esprit humain, on ne l'a fait qu'à soi-même ; et ce n'est
pas merveille qu'après avoir détruit à plaisir la réalité on se trouve
dans le vide, sans plus savoir où saisir un point d'appui.

Sans contredit (et ceci s'adresse en grande partie à la philosophie
écossaise), la psychologie ne doit pas être seulement, comme dit
Kant, une physiologie du sens intime ; elle ne doit pas être seulement un recueil d'observations sur tout ce qui se passe dans la
conscience, une statistique sans but et sans lois comme beaucoup de
statistiques actuelles, la description de mille et mille phénomènes
particuliers, mais bien la recherche des lois de ces phénomènes. La
psychologie, pour être une science, doit être rationnelle: ici Kant
et l'Allemagne ont raison. Mais il faut leur rappeler à leur tour que

la psychologie rationnelle, sous peine d'être creuse et vide, est intimement liée à la psychologie empirique; qu'il ne faut pas être dupe d'une distinction et la convertir en une séparation absolue ; et que, si on cherche une psychologie rationnelle séparée de toute expérience, on n'aboutira qu'à une psychologie abstraite qui ensuite sera facilement convaincue d'être destituée de toute autorité.

Il en est de la conscience comme de la psychologie ; elle a deux parties, deux termes indissolublement liés et essentiellement distincts, un terme extérieur en quelque sorte, des objets, des intuitions ou représentations diverses, multiples, changeantes, accidentelles : c'est le domaine de l'empirisme ; et un autre terme, un terme extérieur, un sujet identique et un au milieu de la variété des phénomènes avec lesquels il est en rapport, qui pense et qui veut, qui aperçoit et lui-même et le reste, qui pense, veut, aperçoit sous certaines conditions, sous certaines lois universelles et nécessaires, qui, tout universelles et nécessaires qu'elles sont, ne paraissent, avec les caractères dont elles sont marquées, qu'au milieu de phénomènes particuliers et contingents qui composent l'autre terme de la conscience. Le sujet de la conscience, qui pense, qui veut, qui aperçoit, et pour tout mettre avec Descartes sous un seul mot, le sujet pensant ne se produit qu'avec les phénomènes qui le déterminent ; et son unité et son identité ne se révèlent que dans leur rapport et par leur contraste avec la variété de ces phénomènes. La conscience embrasse à la fois et les pensées et leur sujet. Ce n'est point à l'aide de la formule logique : toute pensée suppose un sujet pensant, toute pluralité suppose une unité, que nous obtenons d'abord le sujet de la pensée ; car cette formule logique nous est d'abord inconnue; c'est la raison qui, sans formule et par la force qui est en elle, faisant son apparition au sein de l'expérience, nous découvre, sous la conscience de nos diverses pensées, un sujet pensant, identique et un, existant réellement, et réellement en rapport avec les phénomènes divers qu'il soutient ; c'est même la réalité de l'existence de ce sujet, qui est le fond de la réalité du tout ; et comme ce n'est pas ce sujet qui tourne autour des phénomènes accidentels avec lesquels il est en rapport, mais ceux-ci qui tournent autour de celui-là, on en conclut que ce sujet pensant existe par lui-même

et non par les phénomènes dont il est le sujet, bien que son existence ne nous soit pas donnée isolément et séparativement de ces
phénomènes, c'est-à-dire, en termes philosophiques, qu'il est une
substance. Mais cela ne veut pas dire qu'il est une substance pure ;
loin de là, cette substance ne nous est connue que par les phénomènes que la conscience atteste. Mais de ce que cette substance ne nous
est connue que par les phénomènes de la conscience, s'ensuit-il
pour cela qu'elle ne soit pas ? Tout au contraire, et c'est même cette
conscience, accompagnant son existence, qui caractérise sa personnalité. De même, parce que son identité et son unité nous sont toujours données avec des éléments différentiels, cette unité et cette
identité n'ont pas moins de réalité. La simplicité n'est pas autre
chose que l'unité indivisible du moi ; cette simplicité se déclare par
sa relation même à son contraire, la pluralité et la divisibilité des
phénomènes qui mettent en lumière et n'altèrent pas la simplicité du
moi. Et comme la spiritualité n'est pas autre chose que la simplicité,
l'unité et l'identité dans leur contraste, non plus seulement avec les
phénomènes de la conscience, mais bien avec ce monde extérieur et
étranger, étendu et divisible, qu'on appelle la matière, la spiritualité est à peine une déduction, c'est le développement le plus immé-
diat de la notion même de simplicité, renfermée dans celle d'identité et d'unité. La spiritualité du moi est donc aussi certaine en
dernière analyse que son identité, c'est-à-dire que son existence
même, laquelle est impliquée dans tout fait de conscience.

Mais, dira Kant, et l'Allemagne entière après lui, tout cela n'a
aucune certitude, car tout cela repose sur l'empirisme. En effet, ce
sujet identique et un, simple et spirituel, n'a de réalité pour nous
que dans la conscience, avec les phénomènes de la conscience. Or,
la conscience étant empirique, puisqu'elle atteste des phénomènes et
de simples faits, ne peut donner aucune certitude rationnelle et vraiment scientifique. Réponse : 1º la conscience dans sa totalité donne
à la fois et de simples phénomènes et leur sujet qui ne peut être un
phénomène. De ce qu'elle contient une partie empirique et accidentelle, il ne s'ensuit pas qu'elle soit exclusivement empirique, et ne
contienne pas en même temps une partie rationnelle et fixe. 2º Soyez
de bonne foi, et reconnaissez que le problème tel que vous le posez

est insoluble ; car si vous retranchez la conscience comme empirique, avec la pluralité phénoménale et empirique vous échappe le sujet pensant, réellement existant à titre de personne ; il ne vous reste plus qu'un sujet logique, une substance pure, que vous n'avez pas le droit d'appeler moi, qui est même le contraire de moi, car le moi est ce qu'il y a de plus déterminé, et une substance pure est l'indétermination même. 3° Savez-vous à quel prix vous avez obtenu une telle substance ? d'abord au prix de la destruction de toute réalité, de la réalité primitive de la conscience, par une vaine peur de l'empirisme ; ensuite au prix de la contradiction la plus monstrueuse, que l'obscurité à moitié naturelle, à moitié calculée du langage le plus embrouillé ne peut masquer à des yeux attentifs, à savoir la supposition que le *je pense* n'est pas donné par la conscience, que c'est un principe pur de tout empirisme, ayant un caractère général, transcendental. Quoi ! *je pense*, le *cogito* n'est pas donné par la conscience ! Quoi ! *je pense* n'enferme rien de particulier, de sorte que le *j'existe* qu'il implique n'enfermera rien non plus de particulier ! Mais indépendamment du cri de la conscience, la grammaire ne montre-t-elle pas le *je* renfermé et dans la prémisse et dans la conclusion, si conclusion il y a ? Tout à l'heure, parce que le *je pense* tombe dans la conscience, vous l'accusiez de ne donner qu'un moi phénoménal, ouvrant ainsi la route à Fichte ; maintenant vous faites pis ; pour ne pas faire du *je* un phénomène, vous en faites quoi ? beaucoup moins que l'*hœccéité* de Duns Scott qui renfermait l'individualité : vous en faites la *quiddité* indéterminée de la plus mauvaise scholastique ; vous en faites une contradiction flagrante, c'est-à-dire un *je* indéterminé, un *je*-x. Et tout cela, comme vous le dites naïvement, pour ne pas mettre en péril toute votre critique, pour éviter le danger extrême d'obtenir par la raison et par l'expérience un moi réel, identique et un, simple et spirituel, c'est-à-dire la croyance universelle du genre humain. Mais vous n'avez pas détruit cette croyance, vous vous êtes brisé contre elle. Cette expérience que vous accusez, qu'il est de mode d'accuser en Allemagne, cette expérience unie à la raison, l'éveillant sans la constituer rétablit sur le théâtre de la conscience les vérités éternelles ébranlées par une philosophie critique infidèle à ses principes, et qui pour arriver à un scepticisme arrêté d'avance, accuse la raison de paralogismes et se condamne elle-même à des paralogismes, à des contradictions perpétuelles et à des procédés artificiels, j'allais presque dire artificieux, sans le respect qu'il faut garder pour un esprit éminent égaré dans une route fatale.

Quelque étendue que soit déjà cette discussion, il la faut achever en disant quelques mots de l'opinion de Kant sur l'immortalité de l'ame. Cette opinion est facile à conclure de toutes celles que nous avons exposées. Si le sujet pensant n'est qu'un sujet logique, s'il n'a pas de substantialité, d'identité, d'unité et de simplicité réelle, sa spiritualité doit être fort incertaine, et encore plus sa permanence après la mort. Kant ici ne va pas aussi loin qu'il devrait aller : si le moi n'est pas une substance spirituelle, il ne faut pas dire que son immortalité est douteuse, il faut dire qu'elle est impossible. Car la mort étant pour nous la décomposition des parties, et la simplicité étant ce qui constitue l'esprit, si le moi n'a point de simplicité, ni par conséquent de spiritualité, comme tout composé il est voué à une décomposition inévitable. Au contraire, si le moi est un esprit, il peut être immortel, et la spiritualité est au moins le fondement de la possibilité de l'immortalité. Aussi Descartes avait-il mis le plus grand soin à établir la spiritualité du sujet pensant. Kant la renverse sans se donner d'autre peine que de répéter sa maxime que les phénomènes seuls nous étant connus par l'intuition sensible (qui enveloppe la conscience), les choses en soi et leur nature, soit spirituelle, soit matérielle, nous échappent invinciblement. Il écarte ainsi le matérialisme et le spiritualisme, les trouvant également faciles à soutenir et également impossibles à démontrer. Non seulement la substance du moi peut être matérielle ou spirituelle en tant qu'elle nous est inaccessible ; il y a plus, les phénomènes de la matière et ceux du moi ne sont pas très différents, et par conséquent peuvent admettre la même substance. « Si l'on fait attention, dit Kant, que ces deux espèces d'objets (les phénomènes internes et les phénomènes externes) ne diffèrent pas les uns des autres intrinsèquement, mais seulement en tant que les uns semblent extérieurs aux autres, et que, par conséquent, ce qui sert de fondement aux phénomènes de la matière comme chose en soi, pourrait bien n'être pas si différent, alors la difficulté disparaît. » Hume ne s'est pas exprimé autrement, et Kant retourne ainsi aux plus mauvais systèmes sortis de l'école de Locke. Sans doute les substances ne nous sont pas connues en elles-mêmes et indépendamment de leurs phénomènes ; si on ne veut dire que cela, on a bien raison ; mais il faut se hâter d'ajouter que les substances nous sont connues par leurs phénomènes, et que la conclusion des phénomènes à leur sujet est parfaitement fondée. Ainsi, où les phénomènes diffèrent, on peut affirmer que les substances diffèrent aussi. Or, les phénomènes de la pensée et de la volonté, accompagnés de la conscience, n'ont évidemment rien à démêler avec les phénomènes de l'impénétrabilité et de la solidité qui constituent l'étendue. De ces deux ordres différents de phénomènes conclure deux substances différentes, où y a-t-il là rien d'hypothétique ? Au contraire, glisser d'abord sur la différence des phénomènes, puis, laissant là les phénomènes eux-mêmes, prétendre que leurs substances peuvent être également ou les mêmes ou différentes, parce qu'elles nous sont inconnues, n'est-ce pas accumuler hypothèse sur hypothèse ? N'est-ce pas séparer les substances des phénomènes, pour se donner le plaisir de proclamer notre ignorance sur les substances, et sous l'apparence d'un doute circonspect confondre ce qui est évidemment distinct aux yeux de la conscience et de la raison ? Est-il rien de moins sage qu'une pareille sagesse qui pourtant a séduit plus d'un bon esprit ? On ne s'est pas aperçu qu'à force de déclamer sur l'essence inconnue des substances, on en venait à méconnaître les vrais caractères des phénomènes. La conscience directe et immédiate des phénomènes de la pensée nous donne irrésistiblement, et de la science la plus certaine, la connaissance du moi comme un esprit ; cet esprit n'existe pas, au moins pour lui-même, indépendamment des phénomènes qui le caractérisent ; mais ces phénomènes nous révèlent sa véritable nature. Nous savons de l'esprit, en vérité, tout ce que nous en pouvons savoir, puisque d'une part nous savons qu'il est, et de l'autre quel il est : nous savons quel il est, puisque nous connaissons les phénomènes qui le caractérisent, et nous savons qu'il est, puisque nous savons que ces phénomènes ne peuvent exister sans un sujet, sans un être substantiel et réel qui en est le principe et le fond. Comme la nature de la cause se révèle par ses effets, de même la nature des substances se révèle par leurs phénomènes, leurs qualités, leurs accidents, leurs déterminations. Il n'y a rien à chercher au-delà. Vouloir connaître les causes en elles-mêmes, les substances en elles-mêmes, séparées de leurs effets et de leurs modes, c'est aspirer, non pas, comme on le dit trop souvent, à une connaissance impossible à l'homme, mais à une connaissance fausse, à une chimère, car il n'y a ni cause pure ni substance pure. Dieu n'est pas plus une substance sans attributs que l'esprit de l'homme, sans quoi il serait pour lui-même comme s'il n'était pas. Ce prétendu idéal de la connaissance n'est qu'une abstraction dont on se tourmente pour trouver la réalité; puis, quand on s'est bien démontré à soi-même que cette réalité nous échappe nécessairement, on croit avoir posé les limites de l'esprit humain, on n'a fait que constater l'inanité d'un fantôme. Il n'y a pas de sujet pensant en général, il n'y a pas d'esprit en soi, il n'y a pas d'être en soi; il n'y a que des êtres déterminés, et Dieu lui-même, l'être des êtres, réunit dans son sein l'individualité à l'universalité, s'il sait qu'il est, tout immense et infini qu'il puisse être, et s'il dit *je*, ainsi que l'homme.

Le moi est donc un esprit, non pas un esprit pur, mais un esprit qui se manifeste par certaines qualités qui lui révèlent à lui même sa nature, sa nature spirituelle. Voilà ce que nous savons certainement dans ce monde tel qu'il est et dans les conditions actuelles de notre existence; mais de ce que le moi est un esprit, s'ensuit-il nécessairement qu'il soit immortel? C'est ici qu'il faut faire sa part à une juste circonspection. Puisque le moi est essentiellement distinct du corps, il peut lui survivre; mais le moi étant en relation permanente avec le corps, en dépend aussi pour son développement : ce développement persistera-t-il et le même et tout entier en dehors de ses conditions actuelles, après la dissolution des organes au milieu desquels il a lieu présentement? Voilà ce que le témoignage de la conscience, ce que le témoignage de la psychologie ne prouve pas directement; il faut donc s'adresser à une autre science, à un autre ordre de considérations, et demander à la morale d'achever l'œuvre de la métaphysique. Nous ne sommes donc pas éloignés de partager l'opinion exprimée dans le passage suivant de la *Critique*, tout en faisant nos réserves sur le dédain exagéré avec lequel Kant traite la preuve spéculative que d'ailleurs on n'a guère proposée absolument seule.

« La preuve purement spéculative n'a jamais exercé aucune influence sur le sens commun de l'humanité. Cette preuve ne repose que sur la pointe d'un cheveu, si bien que l'école elle-même n'a jamais pu la maintenir qu'en la faisant tourner sans fin sur elle-même comme une toupie, et qu'elle n'y saurait trouver une base solide sur laquelle on puisse élever quelque chose. Les preuves qui sont à l'usage du monde conservent au contraire toute leur valeur, et, séparées de toute espèce de prétention dogmatique, elles ne font que gagner en clarté et produire une conviction plus naturelle. Suivant l'analogie avec la nature des êtres vivants, pour lesquels la raison doit nécessairement admettre en principe qu'il n'y a pas un organe, pas une faculté, pas un penchant, rien enfin qui ne soit disposé pour un certain usage ou qui soit sans but, mais que tout, au contraire, est exactement proportionné à un but déterminé; suivant cette analogie, l'homme, qui peut contenir en lui le dernier but final de toutes ces choses, ne pourrait être la seule créature qui fît exception au principe. Les dons de sa nature, je ne parle pas seulement des qualités et des penchants qu'il a reçus pour en faire usage, mais surtout de la loi morale qu'il porte en lui; ces dons sont tellement au-dessus de l'utilité et des avantages qu'il peut en retirer dans cette vie, qu'il apprend de la loi morale même à estimer par-dessus tout la simple conscience de l'honnêteté des sentiments, au préjudice de tous les biens et même de cette ombre qu'on appelle la gloire, et qu'il se sent intérieurement appelé à se rendre digne par sa conduite, et en foulant aux pieds tous les autres avantages, de devenir le citoyen d'un monde meilleur dont il a l'idée. Cette preuve puissante, irréfutable, si on y joint la connaissance du but final de toutes choses, connaissance qui s'étend sans cesse, et l'idée de l'immensité de la création, par conséquent aussi la conscience de la possibilité d'une certaine extension illimitée dans nos connaissances, ainsi que le penchant qui y correspond; cette preuve reste toujours, quand même on devrait renoncer à fonder sur la pure théorie la durée de notre existence. »

Nous nous associons très volontiers à ces vues de Kant; nous adoptons l'argument tiré du principe des causes finales appliqué au moi, à l'instinct de la durée, au besoin et à l'idée de la perfection, et surtout de la perfection morale, qui ne peuvent nous avoir été donnés en vain. Nous pensons que l'argument des causes finales, joint à celui de la spiritualité du moi, trop vanté par les uns, trop décrié par les autres, nous élève à tous les arguments contraires. Mais cet argument des causes finales, auquel Kant attribue une valeur que nous ne contestons pas, qu'est-il au fond? Un principe de la raison qui nous fait concevoir une fin partout où nous apparaît un certain ordre de moyens. Ce principe est certain pour nous, mais au même titre, ni plus ni moins, que le principe même qui nous fait concevoir une substance partout où nous voyons des phénomènes, une cause où nous voyons des effets. La racine de ces principes est dans la conscience : nous sommes une cause qui a conscience d'elle-même, qui s'aperçoit préméditer une suite de mouvements, en prendre l'initiative, la continuer ou la suspendre, distincte quoique non séparée des mouvements dont elle est le principe, et qui, dans leur développement extérieur, sont soumis eux-mêmes à des lois étrangères. Nous sommes un être, une personne qui s'aperçoit une et identique, simple et indivisible, sous la diversité de ses attributs les plus essentiels, et sous la pluralité indéfinie des phénomènes de toute espèce dont elle est le sujet. Nous ne sommes pas seulement une substance et une cause, nous sommes aussi une cause finale, à savoir une cause qui produit certains effets, certains mouvements, vers une fin dont nous avons conscience. C'est parce que nous sommes nous-mêmes une cause s'exerçant toujours dans un but, tendant toujours à une fin par certains moyens, que la raison accepte et emploie le principe général des causes finales, au même titre qu'elle accepte et emploie le principe de causalité et le principe des substances. Or, nous avons vu Kant accuser le principe des substances d'être seulement un principe régulateur de la pensée, qui donne bien un sujet logique, doué d'une unité, d'une identité et d'une simplicité logique, mais sans aucune force pour nous faire connaître les êtres eux-mêmes. Maintenant, de quel droit Kant attribue-t-il plus de valeur au principe des causes finales? Pourquoi ce principe n'est-il pas à ses yeux, comme les autres principes de la raison, un principe régulateur de la pensée, ne produisant que des combinaisons logiques? C'est que Kant, sceptique en métaphysique, ne consent pas à l'être en morale, et que, par une sublime inconséquence, il rétablit d'une main ce qu'il détruit de l'autre. L'homme est absous, le philosophe ne l'est pas.

Nous passons à la partie cosmologique de la dialectique transcendentale; ici nous pouvons être plus courts, les problèmes agités ayant moins d'importance que ceux de la psychologie rationnelle, et surtout ceux de la théodicée.

Selon Kant, quatre problèmes s'élèvent dans l'esprit à propos du monde. On peut se demander si le monde a eu un commencement et s'il a des limites; s'il a des éléments simples, ou si tout y est composé; si tout y est soumis à un enchaînement fatal, ou s'il y a quelque part de la liberté; enfin si le monde tout entier est contingent, ou s'il a un principe nécessaire.

Chacun de ces problèmes admet deux solutions contraires qui se peuvent également soutenir. Kant présente la thèse en faveur de la solution ordinaire, puis l'antithèse en regard, et, balançant les arguments apportés de part et d'autre, il montre que la raison tombe en contradiction avec elle-même. Les combats de la raison contre elle-même, il les appelle des *antinomies*. Je ne puis exposer ici dans tous ses détails ce grand travail : je me borne à l'indiquer.

Voici la première antinomie; la *thèse* est celle-ci : Le monde a un commencement dans le temps et des bornes dans l'espace. *Antithèse :* Le monde n'a pas commencé dans le temps et il n'est pas limité dans l'espace.

Seconde antinomie. — *Thèse :* Toute substance composée l'est de parties simples : il n'y a rien dans l'univers qui ne soit simple ou composé du simple. *Antithèse :* Aucune chose composée ne l'est de parties simples, et nulle part il n'existe rien de simple.

Troisième antinomie. — *Thèse :* Tout ce qui arrive dans le monde no dépend pas uniquement des lois naturelles, il faut admettre aussi une causalité libre. *Antithèse :* Il n'y a pas de liberté; tout dans le monde suit aveuglément les lois de la nature.

Quatrième antinomie. — *Thèse :* Le monde ne peut exister qu'il n'existe en même temps, soit dans le monde comme en faisant partie, soit en dehors du monde comme sa cause, un être nécessairement existant. *Antithèse :* Il n'y a nulle part, ni dans le monde ni hors du monde, comme sa cause, un être absolument nécessaire.

Kant se donne le spectacle de cette lutte d'assertions contradictoires ; mais ce n'est pas, comme il le dit lui-même, « pour la décider à l'avantage de l'une ou de l'autre des parties ; c'est pour chercher si l'objet même de la lutte n'est pas, par hasard, une illusion par laquelle chacun se laisse tromper, et où il n'y a rien à gagner.... » C'est là la méthode sceptique qu'il proclame lui-même, mais qu'il s'efforce de distinguer du scepticisme problématique. « Celui-ci sape les fondements de toutes nos connaissances dans le dessein arrêté de ne laisser partout que le doute et l'incertitude. La méthode sceptique a pour but la certitude ; car elle cherche à découvrir, dans un combat engagé avec intelligence et bonne foi, le point de dissentiment. Elle agit comme un sage législateur, qui s'instruit par l'embarras des juges dans les procès, de ce qu'il y a de défectueux dans les lois. »

« La philosophie, dit il, en partant du champ de l'expérience, et en s'élevant insensiblement jusqu'aux idées sublimes contenues dans chacun des problèmes cosmologiques, montre une telle dignité, que, si elle pouvait soutenir ses prétentions, elle laisserait bien loin derrière elle toutes les autres sciences humaines, car elle promet de donner un fondement à nos plus grandes espérances, et de nous révéler le but vers lequel tendent tous les efforts de la raison. Ces questions : Le monde a t-il un commencement dans le temps et des bornes dans l'espace ? Le moi pensant a-t-il une unité indivisible et indissoluble, ou n'est-ce qu'un tout divisible et périssable ? Suis-je libre dans mes actions, ou, comme les autres êtres, suis-je conduit par le fil de la nature ou du destin ? Y a-t-il une cause suprême du monde, ou bien la nature des choses et leur ordre forment-ils le dernier objet auquel nous devions nous arrêter dans toutes nos recherches ? Ce sont là des questions pour la solution desquelles le mathématicien n'hésiterait pas à donner toute sa science ; car celle-ci ne peut satisfaire le besoin de l'humanité de connaître sa fin et sa destination. » Kant ajoute que, si la science des mathématiques, qui fait l'orgueil de la raison humaine, a quelque dignité, c'est précisément parce qu'en aidant la raison à découvrir l'ordre et la régularité de la nature et l'harmonie merveilleuse des forces qui la mettent en mouvement, elle élève la raison au-delà de l'expérience, elle fournit de riches matériaux à la philosophie. « Mais, malheureusement pour la spéculation, dit-il, la raison, au milieu de ses plus grandes espérances, se trouve si embarrassée d'arguments pour et contre, que, ne pouvant, tant par prudence que par honneur, ni reculer ni regarder avec indifférence ce grand procès comme un simple jeu, ne pouvant non plus demander la paix lorsque l'objet de la dispute est d'un si haut prix, il ne lui reste qu'à réfléchir sur l'origine de cette lutte de la raison contre elle-même, pour voir si peut-être un simple malentendu n'en serait pas la cause, et si, ce malentendu une fois dissipé, les prétentions orgueilleuses de part et d'autre ne feraient pas place au règne durable et tranquille de la raison sur l'entendement et sur les sens. »

Si la thèse et l'antithèse peuvent être également soutenues et démontrées, pourquoi y a-t-il des hommes qui se passionnent pour la première, c'est-à-dire pour le dogmatisme, tandis que d'autres se passionnent pour la seconde, c'est-à-dire pour l'empirisme? C'est que le dogmatisme et l'empirisme ont des qualités diverses qui séduisent les uns et repoussent les autres. Ainsi, le dogmatisme, en établissant que le moi est une substance simple, et par conséquent incorruptible; qu'il est libre dans ses actions, et n'est pas soumis à la fatalité de la nature; qu'il y a un Etre suprême duquel dépend le monde tout entier, et en donnant par là un fondement à la morale et à la religion, le dogmatisme a pour lui un intérêt pratique qui lui concilie tous les hommes sensés. Il a aussi un certain intérêt spéculatif: la raison est plus satisfaite de trouver un premier terme, un point d'arrêt, que de poser sans fin des questions qui toujours en suscitent de nouvelles. Enfin, précisément à cause de cet intérêt spéculatif, le dogmatisme est populaire, et ce n'est pas là son moindre titre. Pour l'empirisme, il n'a aucun de ces avantages; il semble qu'avec lui s'évanouisse toute morale, toute religion; car que deviennent la morale et la religion, si vous niez l'ame comme substance indivisible et incorruptible, si vous niez Dieu, si vous niez la liberté? Mais, en revanche, l'empirisme a pour lui la clarté et la sûreté. Il est inattaquable tant qu'il reste dans ses véritables limites, c'est-à-dire tant qu'il n'a d'autre but dans ses antithèses que de rabattre la témérité et la présomption d₀ la raison qui s'enorgueillit de sa pénétration et de son savoir, là même où il n'y a plus ni pénétration ni savoir possible. Que s'il devient à son tour dogmatique, s'il nie avec assurance ce qui est au-dessus de sa portée, il devient alors une intempérance d'esprit d'autant plus blâmable, que l'intérêt de la raison pratique en souffre un dommage irréparable. Du reste, l'empirisme ne sortira jamais de l'enceinte des écoles : jamais il ne se conciliera la faveur de la multitude, car il ne favorise pas la pratique, et il est trop sévère dans la spéculation où il ne veut que des principes assurés et des conséquences rigoureuses ; il nous arrache souvent le triste aveu de notre impuissance. Le sens commun aimera toujours mieux défendre la thèse brillante du dogmatisme. Il affirme en raison même de son ignorance, et là où le jugement fait défaut, il y supplée par l'imagination.

Après avoir ainsi résumé les caractères opposés que présentent le dogmatisme et l'empirisme, Kant conclut qu'une véritable philosophie ne doit pas, d'après ces seuls caractères, se prononcer pour l'un ou pour l'autre, qu'elle doit s'affranchir de tout intérêt étranger, et, en examinant les antinomies avec impartialité, rechercher et découvrir l'illusion qui trompe les deux partis.

Telles sont les fameuses antinomies de Kant. Je ne veux pas les laisser passer sans m'expliquer en quelques mots sur la valeur de cette théorie si vantée.

Disons-le tout de suite : Kant a commis une grave erreur en croyant que toutes les questions qu'il soulève dans les antinomies supposent, pour être résolues, l'emploi du même procédé, le raisonnement. Il y en a sans doute qui ne peuvent être résolues autrement ; et, dans ce cas, on conçoit que deux solutions du même genre, deux raisonnements paraissent également concluants et semblent établir avec une égale force et la thèse et l'antithèse : cela est possible, et il ne reste qu'à examiner si en fait il en est ainsi, et s'il y a véritablement antinomie. Mais, parmi les questions agitées par Kant, il y en a aussi qui se décident par un procédé différent du raisonnement, de telle sorte qu'à l'égard de pareilles questions l'antinomie n'est pas possible.

Rapprochez, par exemple, les questions soulevées dans la première antinomie de celles qui composent la troisième, et voyez si toutes ces questions sont du même ordre. Dans la première antinomie il s'agit de savoir si le monde est éternel ou s'il a eu un commencement, s'il a des limites dans l'espace ou s'il est infini : ce sont là des questions que le raisonnement seul peut résoudre. Mais, est-ce au moyen du raisonnement qu'on arrivera à résoudre la question comprise dans la troisième antinomie, s'il y a quelque part dans le monde de la liberté, ou si tout suit aveuglément les lois de la nature? Demander s'il y a dans le monde de la liberté, c'est demander si moi, qui existe dans le monde, je suis un être libre, doué d'une causalité qui m'est propre, ou si je ne fais qu'obéir à une fatalité irrésistible. Or, comment puis-je répondre à cette question? Est-ce par le raisonnement? Non, mais par le témoignage de la conscience, à l'aide de l'aperception immédiate que nous avons de nous-mêmes. J'ai la conscience de pouvoir résister en une certaine mesure aux forces étrangères à la mienne. Que peuvent tous les arguments du monde contre un fait? Ils ne me prouveront pas que je ne suis pas libre, quand je me sens libre, quand, pour me sentir libre, je n'ai pas besoin de faire un raisonnement, et qu'il me suffit d'avoir conscience de moi-même. S'il en est ainsi, l'antinomie posée par Kant s'évanouit : on ne peut pas supposer que l'esprit trouve deux raisonnements également concluants l'un pour l'autre contre la liberté, puisque le raisonnement en lui-même n'est de mise ici ni pour ni contre. Supposez d'ailleurs que le raisonnement puisse démontrer la liberté : que sera cette liberté ainsi obtenue? Quelque chose qui n'est uni à nous-même que par un lien purement logique, une liberté qui ne tombe pas sous la conscience et dont nous n'avons pas le sentiment ; or, est-ce là notre liberté? Il y a plus : il est même impossible de supposer, sans paralogisme, un raisonnement qui établisse notre liberté ; car, pour que notre liberté soit dans la conclusion, il faudrait au moins que l'idée générale de liberté fût dans les prémisses. Or, d'où serait venue cette idée générale de liberté? Kant ne peut recourir à la conscience sans ruiner le fondement même de son entreprise. Et pourtant, de quelle autre source que de la conscience peut nous venir notre première idée de liberté? Ainsi Kant, en voulant tirer d'un syllogisme la connaissance de notre liberté, non seulement n'arrive qu'à une liberté qui nous est étrangère et qui n'est pas celle de la conscience, mais il est vrai de dire qu'il n'arrive par là à aucune espèce de liberté, et que son syllogisme même est impossible. L'erreur qu'il commet ici est absolument la même que celle que nous avons déjà relevée à propos des paralogismes de la psychologie : elle vient de ce qu'il se fait de la conscience une idée tout-à-fait fausse. En effet, pourquoi refuse-t-il à la conscience le droit d'établir notre liberté? C'est parce que, selon lui, la conscience n'atteint rien que d'empirique et de phénoménal, qu'ainsi elle peut bien attester nos actes en tant que phénomènes, mais non pas la cause volontaire et libre qui les produit ; et il fait de la liberté quelque chose de transcendental et d'insaisissable pour le sens intime. Mais pour réfuter une pareille psychologie, il nous suffit de répéter ce que nous avons dit plus haut. L'erreur étant la même, la réfutation doit être la même. Bornons-nous donc à rappeler brièvement les deux points suivants : 1º De ce que la conscience est soumise à certaines conditions empiriques, c'est-à-dire, de ce qu'elle ne serait pas si certains phénomènes ne se produisaient, il ne suit nullement qu'elle n'atteigne pas aussi la cause de ces phénomènes : elle l'atteint, et par là se place, non pas en dehors, mais au-dessus de l'expérience, au-dessus du flux et du reflux des phénomènes. 2º Demander que notre liberté ou notre causalité personnelle nous soit donnée indépendamment des actes par lesquels elle se manifeste, c'est demander une chose impossible : tout comme le moi substance n'est rien sans ses modifications, ainsi le moi cause n'est rien sans ses actes, ou ce n'est plus qu'une abstraction. Kant, en posant la question de liberté comme il la pose, ne fait donc que poursuivre une chimère : s'il avait vu que la connaissance des actes que nous produisons et celle de notre causalité sont primitivement enveloppées dans la conscience, et quelles ne sont séparées que par l'effort d'une abstraction ultérieure, il n'aurait pas eu besoin de recourir au raisonnement pour obtenir la liberté, et il n'aurait pas mis l'hypothèse d'une antinomie logique à la place d'une certitude intuitive et immédiate.

La question de la liberté n'est pas la seule où Kant ait eu le tort de faire intervenir le raisonnement. Prenez les deux questions comprises dans la thèse et l'antithèse de la deuxième antinomie. On demande si dans le monde il existe quelque chose de simple ; mais comme il y a dans le monde deux sortes d'êtres, les corps et les esprits, la question est double : il s'agit de savoir, d'une part, si les corps sont composés de parties simples, indécomposables elles-mêmes et, d'autre part, si l'ame est une substance simple et si par conséquent elle peut survivre à la décomposition de la matière. Or, de ces deux questions, en supposant que la première tombe sous le raisonnement, il est certain du moins que la seconde peut être résolue directement, immédiatement, par le témoignage de la conscience, qui, dans l'unité et l'identité du moi, nous atteste la simplicité de l'être que nous sommes, comme elle nous atteste notre liberté. Kant a eu tort de croire que ces deux questions supposent un seul et même procédé, et s'il y a ici une antinomie possible, ce n'est qu'à l'égard de la matière.

Reste la question contenue dans la quatrième antinomie, la question de l'être nécessaire. Or, est-ce par le raisonnement qu'on arrive à l'idée de l'être nécessaire ? Il est évident qu'il ne peut être ici question de l'aperception de la conscience, puisqu'il ne s'agit plus de nous-même. Mais le procédé qui nous fournit l'idée de l'être nécessaire est-il bien un syllogisme, ou n'est-ce pas un procédé très différent, un procédé rationel, il est vrai, mais tout autre que le raisonnement, qui ne suppose ni prémisses ni conclusion tirée par voie déductive ? Descartes a fort bien vu qu'aussitôt que la conscience nous montre que nous sommes des êtres imparfaits, nous concevons un être parfait ; de même aussitôt que l'expérience nous montre quelque chose de contingent, quelque chose qui ne saurait se suffire à soi-même, notre raison conçoit quelque chose de nécessaire, un être qui existe par lui-même et n'en suppose aucun autre. L'expérience nous sert de point de départ ; mais, ce point de départ une fois donné, alors immédiatement, sans nous appuyer sur aucune majeure, sans passer par aucun intermédiaire logique, par conséquent sans faire aucun syllogisme, nous concevons un être nécessaire, un être existant d'une existence absolue. Sans doute nous ne pouvons concevoir cet être que quand l'expérience nous a montré quelque chose de contingent ; mais nous le concevons lui-même comme indépendant de toute chose contingente, et comme immuable et éternel au milieu de la succession et du changement ; car il répugne que ce qui est le principe du contingent soit lui-même contingent. Or, s'il est vrai que nous nous élevons à l'idée de l'être nécessaire autrement que par le raisonnement, sur ce point encore il n'y a pas d'antinomie possible.

De ce qui vient d'être dit, il résulte que de toutes les questions soulevées dans les antinomies, il n'y en a que trois dans lesquelles intervienne le raisonnement, ce sont les deux questions comprises dans la première antinomie, celles de l'éternité et de l'infinité du monde, et l'une des deux questions comprises dans la deuxième, celle de la divisibilité de la matière. Sur ces trois questions, l'esprit peut se trouver placé entre des raisonnements qui se combattent, et il ne s'agit plus ici que de savoir si les raisonnements opposés sont en effet également concluants, et s'il y a bien antinomie ; mais, quant à toutes les autres questions, l'antinomie est évidemment chimérique, et une psychologie plus profonde fait voir qu'elle n'est pas même possible.

Remarquons que, comme par un bienfait de la Providence, c'est précisément dans les questions qui intéressent le moins l'humanité que le raisonnement a sa place, et que le doute se glisse à la suite ; mais pour celles qui importent à notre destinée, « la Providence (comme Kant lui-même l'a écrit quelque part) n'a pas voulu qu'elles pussent dépendre de la subtilité de raisonnements ingénieux ; elle les a au contraire livrées immédiatement au sens commun qui, lorsqu'il ne se laisse pas égarer par une fausse science, ne manque jamais de nous mener droit au vrai et à l'utile. » Or, est-il aussi important pour l'homme de savoir si le monde est éternel ou s'il a eu un commencement, si ce même monde a ou n'a pas de limites dans l'espace, si la matière est ou n'est pas divisible à l'infini, que de savoir si le moi est une substance simple qui à ce titre peut survivre au corps, si nous sommes des êtres libres doués d'une activité qui nous est propre, et dont nous pouvons être responsables, ou si, comme les choses de la nature, nous ne faisons qu'obéir à une fatalité irrésistible, s'il y a un être nécessaire, principe du monde, ou si le monde suffit à lui-même ? A coup sûr, entre ces deux sortes de questions, il y a une grande différence : les unes intéressent surtout la spéculation, elles prits métaphysiques ; mais les autres nous touchent de près. Que le monde soit éternel ou qu'il ait commencé, qu'il ait des limites dans l'espace ou qu'il soit infini, à la rigueur, le monde moral n'en subsiste pas moins ; mais supprimez la liberté, Dieu et la simplicité de l'ame, que signifie le mot de vertu et que deviennent et la dignité et les espérances de l'homme ? Aussi, quand même sur les premières questions nous ne pourrions nous arrêter à une solution définitive, n'est-ce pas déjà beaucoup que la métaphysique, comme le sens commun, puisse, quoi qu'en dise Kant, répondre aux secondes avec certitude.

Mais hâtons-nous d'arriver à la troisième et à la plus imposante partie de la dialectique transcendentale, celle qui s'applique à la théologie rationnelle.

Dieu est l'unité inconditionnelle et absolue à laquelle la raison parvient en remontant la série des conditions de toute réalité. « Les diversités des choses, dit Kant, ne sont que des manières diverses de limiter cette idée sur la réalité suprême qui est leur substratum commun, de même que toutes les figures ne peuvent être que différentes manières de borner l'espace infini. » Or, l'objet dans lequel la raison place toute cette réalité est son idéal. Il s'appelle aussi l'être primitif *(ens originarium)*; et, en tant qu'il n'y en a aucun au-dessus de lui, l'être suprême *(ens summum)*; en tant qu'il est la condition de toute existence *(ens entium)*. Si nous concevons cet idéal comme une substance, cette substance sera une, simple, suffisant à tout, éternelle, etc., c'est-à-dire Dieu, et nous aurons une théologie.

Mais la raison ne se fait pas illusion sur la raison de cet idéal; elle n'oserait admettre comme un être réel une simple création de sa pensée, et la dialectique dissipe aisément l'illusion des prétendues preuves de l'existence de Dieu.

Il n'y a que trois espèces d'arguments possibles à la valeur spéculative pour démontrer l'existence de Dieu : Kant les appelle *physico-théologique, cosmologique* et *ontologique.*

Les deux premières partent de l'expérience : dans la preuve *physico-théologique*, on examine l'ordre et la beauté du monde, et c'est pour exprimer cet ordre et cette beauté qu'on établit l'existence de

Dieu : dans la preuve *cosmologique*, on n'a pas besoin de chercher l'harmonie que nous révèle l'expérience ; il suffit que l'expérience nous atteste une existence contingente quelconque pour que nous passions de cette existence contingente à l'existence de quelque chose d'absolument nécessaire ; enfin, dans la troisième preuve, la preuve *ontologique*, on fait abstraction de toute expérience, et on conclut de l'idée de l'être parfait à son existence.

Kant commence par la discussion de la preuve ontologique ; car c'est sur cette preuve que, selon lui, reposent les deux autres.

La preuve dont il est ici question n'est autre que cet argument de saint Anselme qui reparut avec Descartes dans la philosophie moderne, et auquel Leibnitz a donné sa dernière forme. C'est sous sa forme leibnitzienne que Kant l'expose et entreprend de le réfuter : l'être parfait contient toute réalité, et on accorde que cet être est possible, c'est-à-dire qu'il n'implique pas contradiction. Or, dans la toute réalité est comprise l'existence. Il y a donc une chose possible dans le concept de laquelle est comprise l'existence. Si donc cette chose est supprimée, la possibilité même de la chose l'est aussi, ce qui est contradictoire avec ce qui précède. Vous connaissez là l'argument de Leibnitz, à savoir : Que Dieu est, s'il est possible, puisque sa possibilité, c'est-à-dire son essence même, entraîne son existence, et qu'ainsi l'admettre comme possible, et ne l'admettre pas en même temps comme existant, est contradictoire.

Voici maintenant comment Kant attaque cet argument.

Il faut bien distinguer d'abord la nécessité logique ou celle qui lie un attribut à un sujet, d'avec la nécessité réelle des choses, et se bien garder de conclure la seconde de la première. Quand je dis : le triangle est une figure qui a trois angles, j'indique un rapport nécessaire et tel que, le sujet une fois donné, l'attribut s'y rattache inévitablement. Mais s'il est contradictoire de supposer un triangle en supprimant par la pensée les trois angles, il ne l'est pas de faire disparaître le triangle en même temps que les trois angles. De même s'il est contradictoire de nier la toute-puissance, lorsqu'on suppose Dieu, il ne l'est pas de supprimer tout ensemble, Dieu et la toute-puissance : ici, tout disparaît, attribut et sujet, il n'y a plus de contradiction possible. Dira-t-on qu'il y a tel sujet qui ne peut pas être

supprimé et qui par conséquent doit rester? Cela revient à dire qu'il
y a un sujet absolument nécessaire. Or c'est là la proposition même
dont on conteste la légitimité et qu'il faut établir.

Kant insiste pour montrer qu'il ne peut y avoir de contradiction
dans la négation de l'existence de Dieu. Lorsque nous disons de telle
ou telle chose que nous regardons comme possible, que cette chose
existe, quelle espèce de proposition faisons-nous? Est-ce une proposition analytique ou une proposition synthétique? Si c'est une proposition analytique, en affirmant l'existence de la chose, nous n'ajou-
tons rien à l'idée que nous avons, et par conséquent nous n'affirmons
cette existence que parce qu'elle est déjà dans l'idée que nous avons
de la chose même, ce qui n'est qu'une répétition et ne prouve nullement que la chose dont il s'agit existe, quand même elle n'est pas
donnée déjà comme existante. Disons-nous, au contraire, que la
proposition qui affirme l'existence d'une certaine chose est synthétique? Mais alors il n'y a là aucune contradiction à supprimer le prédicat de l'existence; car les propositions synthétiques sont les seules,
selon Kant, dans lesquelles il implique contradiction de nier le prédicat, une fois le sujet supposé, et c'est précisément à ce signe qu'on
les reconnaît. Ainsi il est contradictoire de supposer un triangle si on
en supprime les trois angles par la pensée, de supposer Dieu si on
nie la toute-puissance, parce que ces propositons : le triangle est une
figure qui a trois angles, Dieu est tout-puissant sont des propositions
analytiques. Mais si la proposition qui affirme l'existence de Dieu est
une proposition synthétique, comment pourrait-il impliquer contradiction de supposer la non existence de Dieu? La contradiction ne
serait possible que si la proposition était analytique, et la proposition
ne peut être analytique qu'à la condition de ne rien prouver.

Enfin, comment de ce qu'un être est conçu comme parfait, pou-
vons-nous conclure qu'il existe, si l'existence elle-même n'est pas un
attribut, un prédicat qui détermine l'idée du sujet? Or, l'existence
ne peut être regardée comme un attribut, dont l'idée en s'ajoutant
à celle que nous avons de la chose dont il s'agit, la développe, la
complète, la détermine. Quand je dis : Dieu est tout-puissant, l'attribut, tout-puissant, détermine l'idée de Dieu; mais que je conçoive
Dieu comme simplement possible ou comme réel, l'idée n'en reste

pas moins la même dans les deux cas ; il est donc vrai de dire que le réel ici ne contient rien de plus que le possible ; s'il en était autrement, l'idée que nous avons d'une chose ne serait pas complète tant que nous ne la concevons que comme possible. Il suit de là que si je conçois un être comme l'être parfait, j'ai beau tourmenter l'idée de cet être pour en faire sortir son existence, la question de savoir s'il existe ou non reste toujours, et ce n'est pas du concept même de l'objet conçu comme possible que nous tirerons le concept de sa réalité. Nous sommes donc obligés de sortir de notre concept d'un objet, pour accorder l'existence à cet objet. Cette conclusion, si elle est juste, renverse la preuve ontologique, puisque cette preuve prétend précisément conclure de l'idée de l'être parfait conçu comme possible sa réalité. « Ainsi, dit Kant, il s'en faut de beaucoup que Leibnitz ait fait ce dont il se flattait, et qu'il soit parvenu à connaître *a priori* la possibilité d'un être idéal si élevé. Dans cette célèbre preuve ontologique (cartésienne) de l'existence d'un être suprême, tout travail est perdu, et un homme n'augmentera pas plus ses connaissances par de simples idées qu'un négociant n'augmenterait sa fortune en ajoutant quelques zéros à l'état de sa caisse. »

Tels sont les arguments que Kant oppose à la preuve ontologique cartésienne, telle qu'elle est exposée par Leibnitz. Selon nous, ces arguments sont à la fois très forts et très faibles. Sous un certain point de vue, loin de les contredire, nous les fortifierons ; sous un autre point de vue, nous essaierons de prouver qu'ils ne portent pas.

La preuve cartésienne, telle qu'elle est présentée par Leibnitz, est celle-ci ; je cite textuellement le syllogisme exposé par Leibnitz lui-même dans une lettre à *Bierling* :

« *Ens ex cujus essentia sequitur existentia, si est possibile, id est : si habet essentiam, existit. Est axioma identicum demonstratione non indigens. Atqui Deus est ens ex cujus essentia sequitur ipsius existentia. Est definitio. Ergo Deus, si est possibilis, existit (per ipsius conceptus necessitatem).* »

Ce qui signifie, comme je l'ai déjà dit plus haut, que Dieu est, s'il est possible, parce que sa possibilité, c'est-à-dire son essence même, entraîne son existence, et qu'il y aurait contradiction à reconnaître cette essence en lui refusant l'existence. Telle est l'argument de

Leibnitz, et c'est celui-là même que Kant expose dans un ordre et dans des termes qui diffèrent peu du syllogisme original. Le syllogisme est de la régularité la plus parfaite. Ou il n'y a plus de logique au monde, ou la conclusion est démontrée. Mais, de quelle nature est cette conclusion? D'après les lois mêmes de la logique, elle doit être conforme au caractère de la majeure et de la mineure réunies des prémisses. Examinons ces prémisses. La majeure, Leibnitz lui-même le reconnaît, est un axiome identique *(axioma identicum)*; c'est une proposition générale et abstraite. L'existence et l'essence qui y sont renfermées y sont prises au point de vue purement abstrait et logique. Quant à la mineure, elle contient une définition générale de Dieu, dans laquelle l'existence de cet être est considérée encore d'un point de vue logique, et non pas comme quelque chose de réel, puisque c'est cette réalité même qu'il s'agit d'obtenir dans la conclusion, et que la supposer dans la mineure serait faire une pétition de principe. Si donc la majeure a un caractère abstrait, et si la mineure n'ôte pas ce caractère, je le demande encore, de quelle nature doit être la conclusion? Nécessairement, une conclusion abstraite où l'existence est mise abstraitement, comme dans les prémisses. De la combinaison de deux prémisses abstraites, il ne peut sortir qu'une abstraction. Le syllogisme est donc bon en lui-même, mais il n'a et ne peut avoir qu'une valeur syllogistique. L'existence que donne ce syllogisme ne peut être que l'existence en général, à l'état abstrait, c'est-à-dire sans réalité véritable.

Leibnitz a donc perfectionné le syllogisme cartésien, si Descartes a voulu faire un syllogisme; mais, loin de fortifier la preuve cartésienne, il l'a compromise. En logique, l'argument peut avoir l'autorité d'un syllogisme irréprochable, mais il manque du caractère objectif et réel auquel il prétend. Aussi, Kant le regarde-t-il comme très peu naturel, et comme une innovation de l'esprit scholastique qui ne peut satisfaire le sens commun.

Mais si la preuve combattue par Kant, et dont nous venons de montrer le vice-radical, appartient en effet à Descartes, si c'est à Descartes que Leibnitz l'a empruntée pour la développer à son tour, il ne faut pas oublier qu'elle n'est pas la seule dans Descartes, et qu'elle n'est pas même la première qu'il ait présentée. Dans le *Dis-*

cours de la Méthode, et dans la *Troisième Méditation*, ce n'est pas cette preuve qu'il indique ; c'est une autre, que je dois rappeler ; et, quant à celle dont il s'agit, ici, c'est seulement dans la *Cinquième Méditation* qu'on la rencontre.

Il y a dans Descartes trois preuves de l'existence de Dieu. Voici la première : en même temps que je m'aperçois comme un être imparfait, j'ai l'idée d'un être parfait, et je suis obligé de reconnaître que cette idée a été mise en moi par un être qui est en effet parfait, et qui possède toutes les perfections dont j'ai quelque idée, c'est-à-dire qui est Dieu. La seconde preuve est celle-ci : je n'existe pas par moi-même, car je me serais donné toutes les perfections dont j'ai l'idée ; j'existe donc par autrui, et cet être par lequel j'existe est un être tout parfait, sinon je pourrais lui appliquer le même raisonnement que je m'applique à moi-même. Enfin, voici la troisième preuve : J'ai l'idée d'un être parfait.. Or, l'existence est comprise dans l'idée d'un être parfait aussi clairement que dans l'idée d'un triangle est comprise cette propriété par laquelle les trois angles du triangle sont égaux à deux droits. Donc Dieu existe.

De ces trois preuves la seconde tient à la première, mais la troisième en diffère, et c'est précisément celle-là, et celle-là seule que Leibnitz a pris à tâche de développer et de perfectionner. Ce n'est pourtant pas, à coup sûr, la preuve la plus convaincante. Celle qui conclut de l'idée de l'être imparfait à l'existence d'un être parfait est la preuve cartésienne par excellence. Regardez-y de près ; celle-là est le fondement des deux autres, elle en est le fondement logique : et surtout elle en est le fondement psychologique, l'antécédent réel dans l'esprit de l'homme et dans l'ordre de la connaissance ; car, c'est elle qui fournit l'idée de l'être parfait. Examinons donc le caractère de cet argument. Nous soutenons que ce n'est point un syllogisme, mais un simple enthymème irréductible à un syllogisme et que le syllogisme qu'on pourrait bâtir sur cet enthymème ne serait plus qu'un argument artificiel sans aucune force, exactement comme le *cogito ergo sum* est un enthymème qu'on ne développe en un syllogisme qu'à la condition de le détruire.

Ceux qui ont fait du *cogito ergo sum* un raisonnement, un syllogisme, ont dû procéder ainsi : tout ce qui pense existe ; or, je pense, donc j'existe. Il y a deux vices dans cet argument. 1° Il renferme un cercle vicieux. En effet, la difficulté est de conclure de la pensée à l'être, car ce sont deux choses différentes en elles-mêmes. Or, cette conclusion d'une chose différente à une chose différente ne devient pas plus légitime quand, sans autre preuve, au lieu de particulariser on généralise pour finir par particulariser. La majeure, la proposition générale : tout ce qui pense existe, renferme bien la conclusion particulière; mais elle ne la légitime pas, car elle-même a besoin d'être légitimée. Le lien qui unit la pensée à l'être dans la majeure est précisément le nœud de la question. La majeure le contient, elle ne le résoud pas. On en est donc après le raisonnement au même point où on en était auparavant; et c'est avec raison qu'on a comparé cet argument à celui-ci : *lucet, atqui lucet, ergo lucet.* 2° Non seulement ce syllogisme est un cercle vicieux, il a de plus l'immense inconvénient, s'il était légitime, de donner à l'existence personnelle un caractère logique. En effet, la majeure, étant purement générale et abstraite, ne peut donner qu'une conséquence qui participe de sa nature, alors même que la mineure contiendrai un élément particulier. Au nom du principe abstrait : tout ce qui pense existe, à la rigueur ma pensée aurait bien un sujet, une substance, puisque toute pensée suppose une substance; mais cette substance, donnée par le raisonnement et non par la conscience, serait une substance en général, une substance indéterminée, une sorte d'entité logique. Voilà où aboutit le raisonnement, la forme syllogistique. Mais on peut prouver, Descartes à la main (1), que Descartes n'a pas voulu faire un syllogisme, et que sa preuve ne repose point sur une majeure hypothétique en elle-même, et de plus purement logique et abstraite. Ce n'est pas la formule : tout ce qui pense existe, ou pour nous élever à la formule la plus simple et la plus générale : tout phénomène suppose une substance, ce n'est point cette formule qui fonde primitivement l'existence personnelle, le moi sujet de ma pensée : non, c'est, au contraire, le fait de conscience, à savoir l'aperception directe de la pensée, et l'aperception si l'on veut indirecte mais réelle aussi du moi, du sujet de ma pensée, qui, peu à peu dégagé par la réflexion,

(1) Voyez *Fragments philosophiques*, 3e édit., p. 334.

a produit la formule générale : tout phénomène suppose un sujet, tout ce qui pense existe. La raison bien différente du raisonnement, ne découvre pas le moi réel et vivant à la pâle lumière d'une formule abstraite; mais elle le conçoit par la vertu et la force synthétique qui sont en elle, aussitôt que le phénomène de la pensée est suggéré par l'expérience. La conception primitive de la raison ne précède pas le phénomène de la conscience, ni le phénomène de conscience ne précède la conception de la raison : ils sont tous deux contemporains dans l'unité du fait primitif de conscience. Et la conception de la raison, encore une fois, n'est pas un raisonnement, car sur quoi ce raisonnement s'appuierait-il? Où la raison chercherait-elle son principe, sa majeure? Toute majeure, quelle qu'elle soit, aura le double vice, je le répète, de supposer ce qu'elle veut prouver, et de ne donner qu'une entité logique. Non, il n'y a point ici de majeure, comme le dit profondément Descartes à Gassendi : vous commencez par m'imputer de fausses majeures pour avoir le plaisir de les réfuter. Nulle majeure ne peut combler l'abîme qui sépare la pensée de l'être, le phénomène de la substance, la qualité du sujet. C'est la raison elle-même qui, par sa propre force, franchit cet abîme, qui *révèle*, le mot est ici parfaitement propre, le sujet caché mais réel de tout phénomène, de toute pensée. Ou plutôt il n'y a point ici d'abîme, il n'y en a que pour la logique; dans la réalité de la conscience, il y a distinction, il n'y a pas séparation : la pensée est donnée à la conscience et à la raison dans le sujet, et le sujet leur est donné avec la pensée. Parlons mieux, parlons avec Descartes; il n'y a pas primitivement de pensée et de sujet, ce langage est trop abstrait; il est logique, il n'est pas psychologique ; il y a d'abord, il y a toujours telle ou telle pensée déterminée qui est mienne, et un sujet déterminé de ces pensées déterminées qui est moi : leur lien n'est pas un lien logique; c'est un lien réel; marquez-le si vous voulez par *ergo*, ce n'est là que la figure et le simulacre d'un syllogisme, ce n'est pas un syllogisme, c'est une conception immédiate ne s'appuyant sur aucun principe, sur aucun intermédiaire, c'est l'aperception vivante d'une pensée vivante dans un moi vivant. La science de la vie de l'ame, la psychologie, aboutit à la réalité parcequ'elle part de la réalité.

C'est aussi la psychologie qui fournit à la théologie naturelle la

preuve ontologique de l'existence de Dieu; et cette preuve *a priori*
est très solide, quand on la saisit à son vrai point de vue, quand on
la rétablit sur sa véritable base.

Nous avons vu que Kant a bon marché de la preuve ontologique
présentée sous la forme logique; mais ses arguments ne valent plus
rien contre la vraie preuve cartésienne. Celle-là est inattaquable à
tous les arguments, parce qu'elle ne repose point sur un argument :
pour lui rendre toute sa force, il suffit de lui restituer son caractère.

Quand j'ai saisi ma propre existence sous ma pensée, j'ai la conscience ou la conception d'un être qui existe réellement, d'une substance qui est moi-même. Mais il ne me faut pas beaucoup de temps
une bien longue expérience de moi-même pour reconnaître l'infirmité
de cette substance dans les défaillances de la pensée qui la constitue.
La sensation qui éveille d'abord la pensée l'empêche quelquefois,
l'obscurcit par sa vivacité même ou l'énerve de ses langueurs. La
passion, qui lui donne souvent tant d'énergie, l'aveugle encore plus
souvent. Un petit grain de gravier (1) placé de telle manière plutôt
que de telle autre, une mouche qui bourdonne trouble et tient en-
échec la plus forte intelligence. Et chaque nuit le sommeil suspen-
dant la mémoire, éteignant la conscience, interrompt et semble
anéantir notre existence, puisqu'elle nous en fait perdre toute connaissance, c'est-à-dire ce qui la constitue à nos yeux. Je suis, car je
pense ; je suis réellement, car je pense réellement ; je suis donc une
substance qui se connaît de la science la plus certaine de toutes,
puisqu'elle est la plus immédiate, la conscience. Mais, cette substance
que je suis et que je sais être, je la sais aussi et je la sens finie et
limitée de toutes parts. Je la sais et je la sens imparfaite dans l'évi-
dente imperfection de ma pensée ; c'est là un fait aussi certain que
celui du sentiment de l'existence. Mais ce n'est pas un fait moins
certain encore qu'en même temps que je reconnais l'imperfection de
mon être, je conçois un être parfait qui est le principe du mien.
Comme ma raison conçoit l'être sous la pensée, ainsi cette même
raison, dès que mon existence imparfaite, limitée, finie et contingente lui est donnée, conçoit un être parfait, infini, illimité, néces-

(1) Pascal, *Pensées.*

saire. Elle s'élève de l'imparfait au parfait, du fini à l'infini, du contingent au nécessaire par une force qui est en elle, et qui porte avec soi son autorité, sans s'appuyer sur aucun principe étranger, sans recourir à aucune majeure. Les deux termes ici sont en contraste absolu, à savoir l'imparfait et le parfait, le fini et l'infini, le contingent et le nécessaire, dans une synthèse qui n'est ni une induction de l'expérience ni une déduction du raisonnement. Ici point de syllogisme, car, pour atteindre logiquement l'infini, le parfait, le nécessaire dans la conclusion, sur quelle majeure, sur quel principe s'appuierait le syllogisme? Ou ce principe contiendrait déjà l'infini, et le syllogisme ferait un cercle, ou il ne le contiendrait pas, et alors la conclusion serait impossible. Ici non plus il n'y a pas d'abstraction. Comme je ne pars pas d'une substance imparfaite en général, mais de l'être imparfait que je suis, par cela même l'être parfait que je conçois en opposition au mien n'est pas un être abstrait c'est un être réellement existant dans sa perfection et son infinitude, comme l'être que je suis existe réellement dans son imperfection et dans ses limites. L'existence de cet être a toute la réalité du mien pour en être le principe, comme la substance de ma pensée a toute la réalité de ma pensée. Le principe du moi réel et vivant n'est pas et ne peut pas être une entité logique, car d'où viendrait la réalité du moi, si son principe était une abstraction? Mais les raisonnements, même les meilleurs, ne viennent ici qu'après coup. Le fait est que primitivement la raison, dès qu'elle conçoit l'imperfection de mon être, conçoit un être parfait. Voilà le fait primitif, merveilleux, si l'on veut, mais incontestable. Plus tard la réflexion et le raisonnement s'en emparent, et le produisent dans l'école sous un appareil de formules générales qui ont leur légitimité tant que ce fait leur sert de fondement, et qui, dès qu'on l'ôte, s'écroulent avec lui. Ce n'est point cette formule générale : l'imparfait suppose le parfait, le fini suppose l'infini, le contingent suppose le nécessaire, qui logiquement appliquée au moi imparfait, fini, contingent, donne l'être nécessaire, infini, parfait ; c'est la conception naturelle de l'être parfait, principe de mon être imparfait, que la raison donne d'abord spontanément, et qui, plus tard, abstraite et généralisée, engendre des formules que la raison accepte, parce qu'elle s'y reconnaît et y retrouve son action primitive et légitime. Ces formules sont excellentes et vraies ; elles servent de principes au raisonnement et à la logique, mais leur racine est ailleurs, dans l'énergie naturelle de la raison. La logique règne dans l'école, *illa se jactet in aula ;* mais la raison appartient à l'humanité toute entière : elle est le trésor des pauvres d'esprit comme des plus riches intelligences. Le dernier des hommes, dans le sentiment de la misère inhérente à sa nature bornée, conçoit obscurément et vaguement l'être tout parfait, et ne peut le concevoir sans se sentir soulagé et relevé, sans éprouver le besoin et le desir de retrouver et de posséder encore, ne fût-ce que pendant le moment le plus fugitif, la puissance et la douceur de cette contemplation, conception, notion, idée, sentiment : car qu'importent ici les mots, puisqu'il n'y a pas de mots pour l'ame ? La pauvre femme, dont Fénelon enviait la prière, ne prononçait pas de savantes paroles; elle pleurait en silence, abîmée dans la pensée de l'être parfait et infini, témoin invisible et consolateur secret de ses misères. Nous ressemblons tous à cette pauvre femme. Concevoir l'être parfait du sein de notre imperfection, c'est déjà un perfectionnement, un pressentiment sublime, un éclair dans notre nuit, une source vive dans notre désert, un coin du ciel dans la prison de la vie. Toutes ces fortes expressions peignent la scène intérieure qui se passe dans toutes les ames, dans celle de Platon ou de Leibnitz comme dans celle du dernier des hommes, qui relève l'un, humilie l'autre, et les confond dans le sentiment de la même nature, de la même misère, de la même grandeur. L'homme est toujours dans le philosophe ; il l'inspire à la fois et le retient, et le rappelle sans cesse au sentiment de la réalité. C'est aussi à la psychologie à éclairer et à féconder la logique. Elle lui transmet des éléments vivants et réels que la logique combine ensuite, développe et systématise légitimement, si elle ne se sépare pas de la psychologie. S'en sépare-t-elle et présente-t-elle ses formules générales, ses principes abstraits, ses raisonnements les plus réguliers pour fonder la réalité ? Elle y succombe; elle manque le but en voulant le dépasser, et elle ouvre la porte au scepticisme. Le syllogisme de Leibnitz, s'il n'avait rien derrière lui et avant lui, autoriserait les objections de Kant; mais ces objections s'évanouissent dès qu'on rapporte l'argument de Leibnitz à sa source, à la vraie preuve cartésienne,

comme les objections de Kant contre la réalité substantielle du moi
s'évanouissent dès qu'on restitue au *cogito, ergo sum*, son véritable
sens, et qu'au lieu d'en faire un raisonnement on lui rend l'autorité
irréfragable d'une aperception immédiate et spontanée, d'un fait primitif et permanent de la conscience.

L'argument appelé par Kant argument *cosmologique* est celui que
Leibnitz a nommé argument *a contingentia mundi*. Kant le présente
ainsi : « Si quelque chose existe, il doit exister aussi un être absolument nécessaire ; or, il existe quelque chose, ne serait-ce que moi-
même, donc il existe un être absolument nécessaire. La mineure
contient une donnée expérimentale, et la majeure conclut d'une donnée expérimentale en général à l'existence de quelque chose de nécessaire. Ainsi, la preuve part de l'expérience, par conséquent elle
n'est pas tout-à-fait *a priori* ou ontologique. » Et, sous ce rapport,
Kant trouve cette preuve un peu plus accessible au sens commun et
moins scholastique que la première. Mais cette différence qu'il met
entre les deux preuves vient seulement de ce qu'il a considéré la
preuve ontologique dans sa forme logique, et non pas dans sa forme
psychologique, telle que Descartes l'avait d'abord présentée. Là, en
effet, il y avait aussi une mineure qui contenait une donnée expérimentale, à savoir l'imperfection de mon être, comme ici la mineure
est la contingence de mon être et celle du monde. Les deux mineu-
res ont donc le même caractère, et au fond les deux arguments se
ressemblent tellement qu'en exposant le précédent, selon le génie et
non selon la lettre du cartésianisme, nous avons pu déjà exposer
celui-ci. L'imperfection de mon être tient intimement à sa contingence ; nous avons à la fois le sentiment de l'une et de l'autre, et
par conséquent aussi nous concevons en même temps l'être parfait
et l'être nécessaire. Mais hâtons-nous d'ajouter, ce que Kant n'a pas
soupçonné, qu'il n'y a pas plus de syllogisme dans un cas que dans
l'autre, et qu'ici comme tout à l'heure le syllogisme est un paralogisme. En effet, la vraie majeure de l'argument cosmologique doit
être que toute existence contingente ne se suffit pas à elle-même, et
suppose quelque chose qui existe nécessairement. Or, il est clair que
cette majeure renferme déjà la conclusion. Ce n'est donc pas ici un

syllogisme, c'est un pur enthymème, comme l'argument ontologique et comme le *cogito, ergo sum.*

Kant se fait un monstre d'un être nécessaire. « La nécessité absolue, dit-il, que nous avons un si indispensable besoin de reconnaître comme le dernier soutien de toutes choses, est le véritable abîme de la raison humaine. L'éternité elle-même, quelque sublime et quelque effrayante que la dépeigne Haller, ne frappe pas les esprits de tant de vertige ; car elle ne fait que mesurer la durée des choses, elle ne les soutient pas. On ne peut pas écarter et on ne peut pas non plus supporter cette pensée qu'un être, que nous nous représentons comme le plus élevé des êtres possibles, puisse se dire à lui-même : Je suis de toute éternité ; hors de moi, rien n'existe que par ma volonté ; mais *d'où suis-je donc ?* Ici tout s'écroule autour de nous..... »

Ce langage est celui de l'imagination, non de la raison. Assurément, si l'imagination veut se représenter quelque chose de nécessaire, elle ne le peut, pas plus qu'elle ne peut se représenter l'infini ni l'être parfait, ni même une substance quelconque. L'imagination ne se représente que des grandeurs et des formes, c'est-à-dire des phénomènes finis, limités, imparfaits, contingents. Si elle veut aller au-delà, elle doit être en effet saisie de vertige. Mais la raison est plus forte que l'imagination : l'invisible est son domaine ; elle n'imagine point, elle conçoit. Elle a l'idée la plus précise qui se puisse de l'être nécessaire comme de l'être parfait, comme de l'être lui-même, ou il faut dire que nous n'avons aucune idée précise du contingent, de l'imparfait et des phénomènes. Nous ne connaissons que trop bien la contingence de notre être, nous la connaissons immédiatement ; nous concevons donc parfaitement son contraire, c'est-à-dire un être qui a en lui-même le principe de son existence, tandis que le principe de la nôtre est ailleurs, qui par conséquent ne peut pas ne pas être, se suffit à soi-même, indéfectible dans son essence, comme il est parfait dans tous ses attributs. Nous n'avons besoin que de rentrer en nous-même pour y concevoir Dieu par contraste, et ici encore la psychologie éclaire à nos yeux l'ontologie et la théodicée.

Kant se retranche dans son argument perpétuel. Le principe qui du contingent conclut l'être nécessaire n'a de valeur que dans le

monde sensible ; hors de là, c'est un principe purement régulateur
de la raison, qui lui sert à accomplir l'unité qu'elle cherche, et ne lui
donne qu'un idéal sans réalité ; réaliser cet idéal est une illusion dialectique. Mais, en vérité, quelle étrange position Kant fait-il à la
raison et au principe qui du contingent conclut le nécessaire? Il ne
lui accorde de valeur que dans le monde sensible et dans les limites
de l'expérience ; mais cette concession est une dérision, car il est
trop clair que dans le monde sensible et dans les limites de l'expérience tout est contingent, comme tout est imparfait. Rien, absolument rien, n'y est et n'y peut être nécessaire et parfait. Y renfermer
le principe en question, c'est lui refuser toute application ; et quand,
selon sa portée naturelle et selon la nature des choses, il sort du
monde sensible, où tout est contingent, pour atteindre le nécessaire,
qui est son objet, ce n'est plus alors qu'un principe régulateur qui
amuse et abuse notre raison d'une apparence chimérique, science
frivole et contradictoire avec elle-même, principe qui est pour nous
comme le mauvais génie qui se jouait de Descartes, raison pure qui
n'a des ailes que pour s'élancer dans le vide, puissance de l'esprit
humain qui n'est au fond qu'une impuissance maladive, idéal insensé
qui nous est donné nécessairement et vainement, et dont le fantôme est à la fois une énigme incompréhensible et un tourment sans
raison comme sans fin.

Kant traite avec un peu plus d'indulgence la dernière preuve, la
preuve physico-théologique, qui se tire de la contemplation de l'ordre
du monde. Voici les principaux points de cette preuve : 1° Dans le
monde se trouvent partout des marques visibles d'un ordre exécuté
avec la plus grande sagesse, dans un dessein arrêté et avec une variété admirable de moyens ; 2° cet ordre de fin est tout-à-fait étranger
aux choses, et ne leur appartient pas essentiellement ; 3° il existe donc
une ou plusieurs causes sages, et cette cause n'est pas une nature
qui agit aveuglément, mais une intelligence qui agit avec liberté ;
4° l'unité de cette cause se conclut avec certitude de l'unité des rap-
ports réciproques de toutes les parties du monde. » Cet argument,
dit Kant, mérite toujours d'être rappelé avec respect. C'est le
plus ancien, le plus clair, et celui qui convient le mieux à la raison
de la plupart des hommes. Il vivifie l'étude de la nature en même

il y puise toujours de nouvelles forces. Il conduit à des fins
·rvation par elle-même n'aurait pas découvertes, et il étend
·issances actuelles... Ce serait donc vouloir non seulement
·er une consolation, mais tenter l'impossible, que de préten-
·r quelque chose à l'autorité de cette preuve. La raison, inces-
·slevée par des arguments si puissants et qui s'accroissent per-
·ent, ne peut être tellement rabaissée par les incertitudes
·ulation subtile et abstraite, qu'elle ne doive être arrachée
·ésolution sophistique, comme à un songe, à la vue des mer-
·la nature et de la structure majestueuse du monde, pour
·de grandeur en grandeur, jusqu'à la grandeur suprême. »
··yez avec quel respect Kant parle de l'argument des causes
·quelle confiance il paraît lui accorder; mais il ne fait qu'une
·· en ne chicanant point sur une manière de raisonner « qui,
·supporterait peut-être pas la sévérité de la critique trans-
·· » Voilà le sceptique qui reparaît et oublie ce qu'il disait
·tout à l'heure de cette *irrésolution sophistique* à laquelle
··rracher le spectacle de la nature. Pour nous, nous ne crai-
·la critique transcendentale la plus sévère pour le principe
··ent physico-théologique, à savoir le principe des causes
··ais nous croyons, avec Kant, qu'il ne faut pas en exagérer
·Kant montre très bien que cet argument, qui peut être ap-
·*teriori*, a besoin d'être complété par les preuves *a priori*.
·'harmonie des phénomènes de la nature prouve seulement
··cte du monde. On peut, en partant de l'harmonie du
··mettre un architecte suprême, comme le faisaient les an-
··a même temps nier qu'il puisse être créateur. Ce sont deux
·tout-à-fait différentes et qui doivent être résolues par des
··lifférents. En second lieu, si nous ne sortons pas de l'argu-
··ico-théologique, cette grandeur de l'ouvrier que nous con-
··portionnée à ses œuvres, n'est rien de bien déterminé, et
··se, c'est-à-dire la connaissance que nous avons du monde,
··endue qu'elle soit, ne nous donnera jamais l'idée de la
··sance, de la parfaite sagesse, de l'unité absolue de l'auteur
·Si donc, dans cet argument, on conclut à l'existence d'un
··nique et parfait, c'est qu'on mêle à l'argument physico-

théologique les arguments cosmologiques et ontologiques. « Les théologiens naturalistes ont donc tort, dit Kant avec raison, de dédaigner les preuves transcendantales et de les regarder, avec l'orgueil de physiciens éclairés, comme la toile d'araignée d'obscurs investigateurs. Car, s'ils voulaient s'examiner eux-mêmes, ils trouveraient qu'après avoir longtemps marché sur le sol de la nature et de l'expérience, se voyant toujours également éloignés de l'objet que poursuit leur raison, ils abandonnent tout à coup ce terrain et passent dans la région des pures possibilités où, sur les ailes des idées, ils espèrent atteindre ce qui échappait à leur investigation empirique. »

Selon Kant, le vrai rôle de la raison dans la polémique sur l'ame, sur le monde et sur Dieu, consiste à placer les affirmations de la raison spéculative en présence des affirmations contraires, et à n'être dupe ni des unes ni des autres. La critique doit être satisfaite quand elle a opposé à toute assertion négative sur Dieu et sur l'ame le *non liquet*, qui s'étend également à toute assertion affirmative. Sans doute le dogmatisme n'a rien à espérer même de l'avenir, puisque les objets qu'il poursuit sont éternellement en dehors de toute expérience; mais par cela même, il n'y a pas à craindre non plus que la thèse opposée trouve jamais des arguments décisifs. « Le terrain de la théologie et de la haute psychologie, dit Kant, ne peut supporter aucun champion vraiment redoutable : on peut bien s'avancer d'un air fanfaron, mais ce n'est qu'un jeu d'enfant ; c'est là une observation consolante et qui doit ranimer le courage de la raison. » Observation bien consolante, en effet, et propre à encourager la raison, que celle qui ne détruit le matérialisme et l'athéisme qu'en détruisant aussi tout espoir de dogmatisme, et en plaçant les objets que nous voulons connaître en dehors des limites de notre connaissance.

D'ailleurs Kant s'efforce de distinguer la critique du scepticisme. Que fait le sceptcisme ? Il se traîne à la suite du dogmatisme, posant une négation partout où le dogmatisme place une affirmation, et parce que la raison a été convaincue d'ignorance sur plusieurs points, il la met dans une suspicion générale. Or, ce scepticisme, qui peut lutter contre un dogmatisme qui ne s'est jamais rendu compte de ses connaissances et n'en connaît ni l'origine ni la valeur, échoue lorsqu'il prétend lui succéder et s'imposer à son tour à la raison. La rais'on ne se repose que dans la certitude soit de sa force soit de son impuissance ; elle ne se reposera donc jamais dans un scepticisme qui peut bien lui montrer qu'elle ignore ceci ou cela, mais qui ne lui apprend pas ce qu'en définitive elle peut ou ne peut pas savoir, et il lui sera toujours permis d'attendre dans l'avenir un meilleur succès de ses efforts. L'esprit humain veut savoir si son ignorance est nécessaire ; mais la nécessité de mon ignorance et l'inutilité de toute recherche ultérieure ne peuvent s'établir empiriquement par l'observation : il faut pour cela approfondir la connaissance, et cette détermination *a priori* des bornes de la raison est précisément la critique. Le scepticisme n'est que le second pas de la raison dont le dogmatisme est le premier, mais il faut encore un troisième pas qui ne peut être fait que par un jugement mûr et viril, appuyé sur des règles fermes et universelles, afin d'apprécier la raison elle-même et d'en sonder toute la puissance.

A ce compte, le tort du scepticisme est de n'avoir pas fait ce troisième pas, c'est-à-dire d'avoir attaqué la raison sur un tel ou tel point, et non dans son fond, c'est-à-dire encore de n'avoir pas été assez systématique, assez universel, assez absolu. Nous ne pouvons découvrir d'autre différence entre le scepticisme ordinaire et la critique de la raison pure.

Est-ce donc là le dernier mot du père de la philosophie allemande ? Non ; contre les doutes de sa raison, Kant a le contre-poids de son caractère, et sa grande ame ne se résigne point au scepticisme absolu que lui impose sa métaphysique. Pour y échapper, il se réfugie dans la morale, et demande à la pratique des lumières, une règle qui ne limite plus la raison, mais qui la dirige et lui fasse trouver par une autre voie, les trois grands objets que la spéculation n'avait pu légitimement atteindre, à savoir la liberté, l'immortalité de l'ame et l'existence de Dieu. L'ensemble des motifs moraux et pratiques qui établissent ces trois grandes vérités, forment ce que Kant appelle d'un nom emprunté à la philosophie ancienne et à l'église, le *canon* de la raison pure. Ici Kant, anticipant sur son grand ouvrage de la raison pratique, résume les preuves morales de la liberté, de la vie future et de l'existence de Dieu.

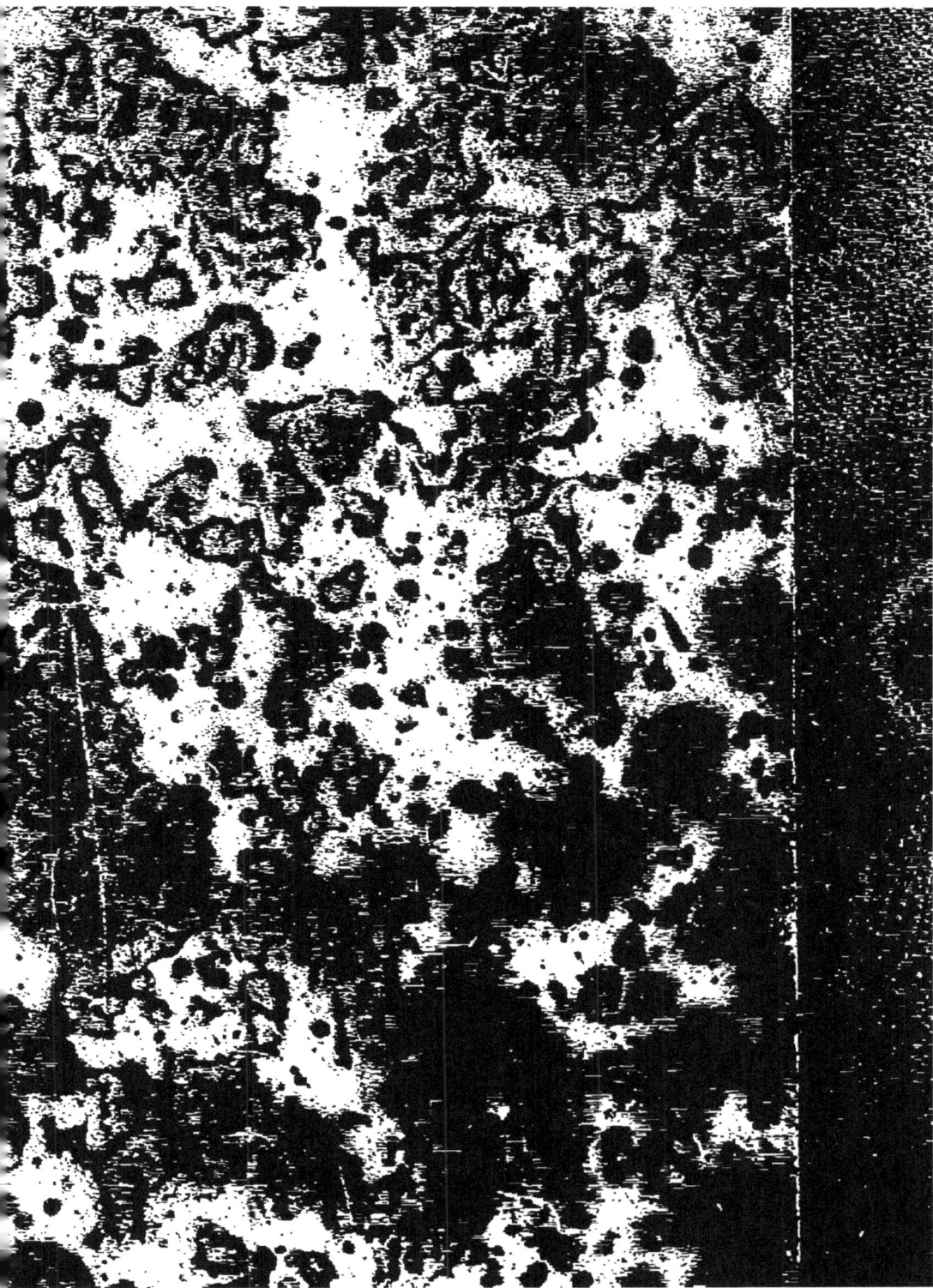

www.ingramcontent.com/pod-product-compliance
Lightning Source LLC
LaVergne TN
LVHW022155080426
835511LV00008B/1413